中文社会科学引文索引（CSSCI）来源集刊

当代会计评论

Contemporary Accounting Review

2019年
第12卷第4辑
（总第28辑）
Volume12 Number4 2019

教育部人文社会科学重点研究基地厦门大学会计发展研究中心 主办
厦门大学管理学院会计学系　厦门大学财务管理与会计研究院 协办

科学出版社
北京

内 容 简 介

本辑制度描述与文献回顾部分包括两篇论文，分别是关于股权分置改革为什么未能提高营利能力的讨论和分析式会计研究 50 年回顾；研究论文部分包括四篇原创性研究论文，分别是证券交易所一线监管是否能提升证券分析师盈利预测质量、政府研发补助与企业研发投入、共同审计的签字会计师独立性是否更强、地区风险文化与企业风险承担等。

本刊以发表原创性文章（研究方法不限）与综述性文章为主，反映学科前沿和应用研究的最新进展，适于从事本学科学术研究的人员阅读，可作为本学科博士研究生、硕士研究生的教学内容，也适合会计准则制定者和证券监管者参考。

图书在版编目（CIP）数据

当代会计评论. 2019 年. 第 12 卷. 第 4 辑：总第 28 辑 /教育部人文社会科学重点研究基地厦门大学会计发展研究中心主办；厦门大学管理学院会计学系，厦门大学财务管理与会计研究院协办. —北京：科学出版社，2019.12

ISBN 978-7-03-063085-8

Ⅰ. ①当…　Ⅱ. ①教…　②厦…　③厦…　Ⅲ. ①会计学–丛刊　Ⅳ. ①F230–55

中国版本图书馆 CIP 数据核字（2019）第 242023 号

责任编辑：郝　悦 / 责任校对：王丹妮
责任印制：张　伟 / 封面设计：无极书装

科 学 出 版 社 出版
北京东黄城根北街 16 号
邮政编码：100717
http://www.sciencep.com

北京建宏印刷有限公司 印刷
科学出版社发行　各地新华书店经销

*

2019 年 12 月第　一　版　开本：787 × 1092　1/16
2019 年 12 月第一次印刷　印张：8 3/4　插页：1
字数：210 000

定价：88.00 元

（如有印装质量问题，我社负责调换）

当代会计评论
第12卷第4辑
2019年

Contemporary Accounting Review
Vol.12 No.4
2019

目　　录

论文

当代会计评论
第12卷第4辑
2019年

Contemporary Accounting Review
Vol.12 No.4
2019

CONTENTS

Articles

当代会计评论
第12卷第4辑
2019年

Contemporary Accounting Review
Vol.12 No.4
2019

为什么股权分置改革未能提高营利能力?*

胡思苑　李海丽　沈哲
（厦门大学管理学院，福建 厦门 361000）

【摘要】　基于科斯定理的视角，股权分置改革降低了上市公司进行控制权转让（transfer of corporate control）的交易成本，理论上可以提高上市公司的营利能力，但以往研究并没有发现上市国有企业营利能力在股权分置改革后显著提高。本文认为，紧随股权分置改革发生的应对金融危机的一揽子计划（以下简称一揽子计划）加剧了上市国有企业的过度投资，掩盖了股权分置改革对营利能力的改善效果。本文以 2002~2010 年 A 股非金融行业上市公司为样本，采用双重匹配和直接计算一揽子计划对上市国有企业营利能力的影响两种方法来调整一揽子计划的影响，发现和该解释一致的经验证据：①在调整一揽子计划的影响前，股权分置改革后上市国有企业的营利能力没有显著提高；②在调整一揽子计划的影响后，股权分置改革显著提高了上市国有企业的营利能力；③股权分置改革后上市公司营利能力的提高源于代理问题的有效缓解。

【关键词】　股权分置改革　一揽子计划　营利能力

一、引　　言

作为我国资本市场一项重大的基础性制度改革，股权分置改革的效果一直广受学术界关注，不少学者从经营业绩和营利能力的角度对这一问题进行研究。但是，以往研究在股权分置改革对上市公司营利能力的影响这一问题上尚未得出一致结论。有研究发现，股权分置改革形成的股份全流通格局弥补了先前股权分置和“一股独大”导致的公司治

---

* 胡思苑，硕士研究生，E-mail：estella_hoo@outlook.com；李海丽，博士研究生，E-mail：lihelly@163.com；沈哲（通讯作者），教授，E-mail：z.shen@xmu.edu.cn。本文受到国家自然科学基金重大项目“中国制度和文化背景下公司财务政策的理论与实践研究”（71790601）和中央高校基本科研业务经费项目“天气引起的投资者情绪和新股上市后的市场表现”（20720181091）的资助。

理缺陷，上市公司的治理水平得到显著提升（廖理等 2008），也使得非流通股股东和流通股股东形成共同的公司治理利益基础，缓解了公司的代理冲突（Chen et al. 2012），抑制了控股股东的"掏空"行为（陈信元和黄俊 2016）。因此，股权分置改革完成后，随着代理问题的缓解，我国上市公司的营利能力有所上升（Sun et al. 2017）。

然而，也有研究发现，股权分置改革导致控股股东持有的流通股大幅上升，市价交易的出现强化了控股股东进行股价操纵和盈余管理的动机，从而对公司价值产生负面影响（Xiao 2015）。此外，还有研究认为，高度集中的国有股权比例（包括国家股和国有法人股）带来的政府干预问题导致企业不以追求价值最大化为经济目标，导致股权分置改革后公司营利能力并未上升（Bin et al. 2015）。也有研究指出，股权分置改革对公司营利能力的影响无法一概而论，这取决于实施股权分置改革时公司所处的法律环境（Tu and Yu 2015）。

为解释这一研究争议，本文注意到，2008年第四季度出台的一揽子计划与股权分置改革紧密衔接，二者在研究时间窗口上存在重叠影响。而且，一揽子计划的主要作用主体为全部国有企业（Wen and Wu 2014），股权分置改革的作用主体为我国上市公司，二者在研究对象上也有所重叠。在作用效果上，股权分置改革之后不久即开始推出的一揽子计划起到了相反的作用，具体表现为：政府绕过市场面向国有企业投放大额银行贷款（Liu et al. 2018），导致资金的市场价格非市场化，影响了国有企业的投资方向和投资水平（Deng et al. 2017），进而降低了国有企业的投资效率和企业价值（张敏等 2010，申慧慧等 2012），与股权分置改革的正向效应在一定程度上发生抵消的效果。因此，股权分置改革的影响研究需要在剔除一揽子计划影响的基础上进行。表1描述了一揽子计划和股权分置改革在作用时间、作用主体和作用效果上的重叠影响。

表1 一揽子计划和股权分置改革在作用时间、作用主体和作用效果上的重叠影响

重叠部分	一揽子计划	股权分置改革	重叠影响
作用时间	2008 年第四季度至 2010 年	2005~2007 年（基本完成）	紧密衔接
作用主体	国有企业（主要）	上市公司	上市国有企业
作用效果	导致部分上市国有企业过度投资，降低营利能力	缓解上市国有企业代理问题，提高营利能力	一定程度上相互抵消

从研究视角和研究方法来看，本文可能的研究创新主要体现在：以往研究在股权分置改革对公司营利能力的影响这一问题上尚未得出一致结论。对于这一争议，本文以上市国有企业为研究对象，将研究视角投向股权分置改革后实施的一揽子计划，结合以往有关研究（张敏等 2010，申慧慧等 2012，Deng et al. 2017，Liu et al. 2018），认为一揽子计划通过影响上市国有企业营利能力在一定程度上弱化了股权分置改革纯粹的效果。基于这一猜想，本文采用"上市国有企业—非上市国有企业—非上市私营企业"双重匹配和直接计算一揽子计划导致的过度投资对上市国有企业营利能力的影响这两种方法来剔除一揽子计划的影响，以及对引起前述研究争议的其他机制进行检验和排除，对股权分置改革是否有效缓解了上市国有企业的代理问题，进而提高了企业的营利能力这一问题做出回答。

本文其他部分的结构安排如下：第二部分梳理相关研究文献并提出本文的研究假设；

第三部分为研究设计；第四部分报告本文的实证结果，包括进一步分析和稳健性检验；第五部分是本文的研究结论和局限。

二、文 献 回 顾

分置的股权结构下，非流通股股东和流通股股东缺乏共同的公司治理利益基础（刘煜辉和熊鹏 2005）。一方面，持有大量非流通股的控股股东无法通过资本利得实现投资收益，因此有动机通过关联交易、资金占用等行为侵占中小股东的利益（Chen et al. 2009，Jiang et al. 2010）；另一方面，监督动机和考核标准的缺失导致管理层的自利行为（吴晓求 2004）。而股权分置改革使得非流通股股东和流通股股东实现了利益趋同（吴晓求 2006），强化了大股东的正向治理作用（汪昌云等 2010），增强了高管向股票市场的说明责任制（Chen et al. 2016），从而有效缓解了上市公司存在的两类代理问题（廖理等 2008，He et al. 2017，Sun et al. 2017）。代理问题的有效缓解，将有助于提高企业的经营业绩和营利能力（Harford et al. 2008，陈仕华和郑文全 2010）。

股权分置改革的实质是使企业的控制权转让成为可能，从而允许控制权市场真正发挥作用。换言之，这是科斯定理的一般化应用，即明确的产权界定可以有效降低交易成本，进而实现资源的有效配置（米献炜 2002），具体表现为上市公司的经营绩效和营利能力。基于该视角，分置的股权结构导致上市公司进行控制权转让的交易成本过高，而股权分置改革通过权利的明确分配有效地降低了交易成本，上市公司的营利能力理论上应有所提高。由此，本文提出假设1。

假设 1：股权分置改革完成后，上市公司的营利能力有所提高。

梳理以往研究可以发现，对于股权分置改革是否能有效缓解上市国有企业的代理问题，进而提高企业营利能力这一问题尚未得出一致结论。例如，Bin等（2015）发现，股权分置改革后国有股权比例与上市公司营利能力呈显著负相关关系；林莞娟等（2016）发现，在国有股权比例较低的情况下，国有控股比例的上升导致股权分置改革后企业绩效有所降低。然而，Fan等（2007）、王鹏（2008）在考察产权性质对上市国有企业代理问题的影响时均发现，国有控股导致企业存在较为严重的代理问题。因此，股权分置改革后，上市国有企业的营利能力理论上也应当随着代理问题的缓解而有所提高。以往研究之所以存有争议，是因为忽略了一揽子计划对股权分置改革作用效果的重叠影响。

一揽子计划于2008年11月5日出台，在作用时间上与股权分置改革紧密相连，作用主体也重叠于上市国有企业。已有研究表明，在一揽子计划实施期间，上市国有企业获得的银行贷款增多（Wen and Wu 2014，Deng et al. 2017），进而导致部分上市国有企业存在过度投资的倾向（Liu et al. 2018），投资效率有所下降（黄海杰等 2016）。部分上市国有企业在一揽子计划实施期间的过度投资行为对企业营利能力的负向效应有可能弱化了股权分置改革对企业营利能力的正向效应，因此有必要剔除一揽子计划的影响，重新检验股权分置改革对上市国有企业营利能力的影响。由此，本文提出假设2。

假设 2：在剔除一揽子计划的影响后，上市国有企业的营利能力在股权分置改革后有所提高。

在解释为什么股权分置改革未能提高上市国有企业营利能力的问题上，Bin等（2015）提出，高度集中的国有股权比例带来的政府干预问题和对价值最大化经济目标的忽略，损害了上市国有企业在股权分置改革后的业绩表现。但是，本文发现，Bin等（2015）仅通过观察回归模型截距项的符号来检验股权分置改革后上市国有企业营利能力的变化，这种研究方法有可能存在遗漏变量的问题，也无法说明股权分置改革与上市国有企业营利能力变化之间的因果关系。而且，股权分置改革后国有控股股东的资产增值机制开始与市场走势紧密挂钩，虽然其国有股份的转让受到限制，但这反而增强了国有控股股东对企业的监督制衡动机（Jiang et al. 2008）。因此，股权分置改革未能提高上市国有企业的营利能力并不是因为高度集中的国有股权比例。

如果国有股权比例的提高弱化了代理问题的缓解作用，导致上市国有企业在股权分置改革后未能提高营利能力，对于股权分置改革后国有股权比例下降的上市国有企业，就应当能观察到其营利能力在股权分置改革后显著提高；反之，如果其营利能力在股权分置改革后也未能提高，就说明高度集中的国有股权比例并非引起以往研究争议的原因。由此，本文提出假设3。

假设 3：股权分置改革后，国有股权比例下降的上市国有企业的营利能力并未提高。

此外，也有学者从产品市场竞争和法律制度环境的角度对股权分置改革未能提高上市国有企业营利能力的问题做出了回答（Tu and Yu 2015），认为股权分置改革的具体作用效果关键取决于股权分置改革时的产品市场竞争程度和制度环境因素。对此，本文认为，一方面，股权分置改革后产品市场竞争机制得到进一步完善和强化，能有效约束控股股东的“掏空”行为（Dyck and Zingales 2004，Faleye 2004）；另一方面，唐国正等（2005）发现，股权分置改革保护了中小投资者免受改革在企业微观层面带来的潜在不利影响。因此，股权分置改革时上市国有企业市场化程度和制度环境的差异不是股权分置改革未能提高上市国有企业营利能力的潜在原因。为了检验上述解释，本文提出假设4和假设5。

假设 4：股权分置改革后，市场化竞争程度高的上市国有企业的营利能力并未提高。

假设 5：股权分置改革后，法律制度环境良好的上市国有企业的营利能力并未提高。

三、研究设计

（一）数据来源和样本选择

本文选取在2007年底之前完成股权分置改革的中国A股上市公司作为研究样本，样本区间为2002~2010年，并按照如下原则对样本数据进行剔除：①剔除金融行业的公司样本；②剔除在股权分置改革前上市时间不足3年的公司样本，因为本文在检验股权分置改革对上市公司营利能力变化的影响时，借鉴了Liao等（2014）的做法，选取股权分置改革前后3年作为事件期间长度；③剔除样本区间内实际控制人性质发生反复变化（超过1次）的公司样本；④剔除主要财务数据缺失和异常的公司样本。

本文最终得到1 013家上市公司，共计8 126个观测值的非平衡面板数据作为研究样本。为避免极端值的影响，本文对连续型变量进行上下1%的缩尾处理。

上市公司财务数据来自CSMAR数据库；股权分置改革相关数据及宏观经济数据等来自Wind数据库；上市公司基本信息、董监高（董事、监事和高级管理人员）政治背景相关数据等来自CNRDS数据库；非上市公司的数据来自中国工业企业数据库。

（二）样本配对

本文采用两种研究方法计算上市国有企业在股权分置改革后营利能力的变化中理论上应由一揽子计划解释的部分，并予以剔除。这两种方法均包含样本匹配的步骤，其中，第一种方法涉及上市国有企业、非上市国有企业和非上市私营企业的双重匹配，第二种方法则是上市国有企业和非上市国有企业的配对。

第一种研究方法所采用的非上市国有企业和非上市私营企业样本均来自中国工业企业数据库。本文选取资产规模、资产负债率、行业和年份作为配对样本时计算倾向得分的匹配指标，经过两个步骤的一对一最近邻匹配，最终得到2008~2010年样本期间928个非上市国有企业和880个非上市私营企业的样本数据。

第二种研究方法涉及上市国有企业和非上市国有企业的配对。本文参考Deng等（2017）的做法，选用城镇登记失业率、人均GDP（国内生产总值）、地方政府财政赤字、行业集中度、第一大股东持股比例、总资产收益率、资产规模和资产负债率作为样本匹配的指标。需要说明的是，2002~2010年样本区间内，我国上市国有企业和非上市国有企业的样本数据比值大约为2.5∶1，非上市国有企业仅有2 426条样本数据，因此，在采用一对一的最近邻匹配方法后，上市国有企业的样本数据损失较多。

具体变量定义见表2。

表2　变量定义表

变量名称	变量符号	变量内容
总资产收益率	ROA	净利润/总资产
资产息税前利润率	EBIT/Assets	息税前利润/总资产
股权分置改革虚拟变量	Reform	完成股权分置改革以后年份取 1，以前年份取 0，均不包括完成股权分置改革当年
国有企业虚拟变量	SOE	根据实际控制人属性（上市公司）或登记注册类型（非上市公司）定义，国有企业取 1，否则取 0
资产规模	Size	总资产取自然对数
资产负债率	Lev	总负债/总资产
现金持有水平	Cash_ratio	现金及其等价物/总资产
流动资产规模	LnCA	流动资产取自然对数

续表

变量名称	变量符号	变量内容
有形资产所占比例	TANG	（总资产–无形资产–商誉净额）/总资产
资本支出	CAPE	购建固定资产、无形资产和其他长期资产支付的现金/总资产
成长性	Growth_asset	总资产增长率
	Growth_rev	营业收入增长率
投资水平变化	FA_chg	固定资产增长率
机构投资者持股比例	Inst	机构投资者持有股份/总股本
第一大股东持股比例	Top1	第一大股东持有股份/总股本
第二大股东至第十大股东持股比例之和	IndexS	第二大股东至第十大股东持有股份之和/总股本
管理层持股比例	MANG	管理层持有股份/总股本
非流通股比例	NTS	非流通股股数/流通股股数
股利支付率	Div	每股股利/每股净利润
董事会规模	Board	董事会总人数
独立董事所占比例	Independent	独立董事人数/董事会总人数
投资效率	Inv	购建固定资产、无形资产和其他长期资产支付的现金/总资产
上市公司年龄	Age	公司上市年数
个股年收益率	Return	考虑现金红利再投资的年个股收益率
一揽子计划虚拟变量	ESP	一揽子计划实施期间取值为 1，否则为 0
新增银行贷款	Bankloan	（年末借款总额–年初借款总额）/总资产
经营性现金流量	OPCF	经营活动现金产生的现金流量净额/总资产
政治联系虚拟变量	PC_dummy	若董监高曾经或现在仍在政府相关机构（党委、政府、人大、政协常设机构等）任职，则取值为 1，否则为 0
两职合一虚拟变量	Dual	若董事长与总经理两职由一人兼任，则取值为 1，否则为 0
托宾 Q 值	Tobin Q	总市值/（总资产–无形资产–商誉净额）
其他应收款所占比例	Orecta_1	其他应收款/总资产
其他应收款（大股东欠款）	Orecta_2	其他应收款（大股东欠款）/总资产
关联交易	RPT_1	关联交易总额/总资产
	RPT_2	六类最普遍的关联交易发生额/总资产
管理费率	Manage_ex	管理费用/营业收入
总资产周转率	TA_turnover	营业收入/[（期初总资产+期末总资产）/2]
存货周转率	INV_turnover	营业成本/[（期初存货净额+期末存货净额）/2]
应收账款周转率	AR_turnover	营业收入/[（期初应收账款净额+期末应收账款净额）/2]
城镇登记失业率	Unemploy	国家统计局公布的“城镇登记失业率”指标
人均 GDP	LnGDP	人均国内生产总值取自然对数
地方政府财政赤字	LnFDEF	地方政府公共财政收入减去公共财政支出后取自然对数
行业集中度	HHI_1[1)]	某一特定行业内所有企业（仅限于上市公司）营业收入所占比例的平方和
	HHI_2	某一特定行业内所有企业（包括上市公司和非上市公司）营业收入所占比例的平方和
市场化进程	Mkinx_1	中国各地区市场化进程相对指数[2)]
	Mkinx_2	产品市场发育程度子指数[2)]
法律制度环境	Lginx	市场中介组织的发育和法律环境制度[2)]

1）HHI：Herfindahl-Hirschman index，赫芬达尔–赫希曼指数

2）数据参考樊纲等（2011）、王小鲁等（2016）

（三）实证检验模型

1. 股权分置改革对上市公司营利能力的影响

为验证股权分置改革后上市公司的营利能力是否有所提高，本文构建如下回归模型。

$$\mathrm{ROA}_{i,t}=\alpha_0+\alpha_1\mathrm{Reform}_{i,t}+\alpha_2\mathrm{SOE}_{i,t}+\alpha_3\mathrm{Reform}_{i,t}\times\mathrm{SOE}_{i,t}+\beta\mathrm{Control}_{i,t}+\mathrm{Year}+\mathrm{Industry}+\varepsilon_{i,t} \tag{1}$$

$$(\mathrm{EBIT/Assets})_{i,t}=\alpha_0+\alpha_1\mathrm{Reform}_{i,t}+\alpha_2\mathrm{SOE}_{i,t}+\alpha_3\mathrm{Reform}_{i,t}\times\mathrm{SOE}_{i,t}+\beta\mathrm{Control}_{i,t}+\mathrm{Year}+\mathrm{Industry}+\varepsilon_{i,t} \tag{2}$$

其中，ROA和EBIT/Assets分别为总资产收益率和资产息税前利润率，用来度量营利能力；Reform为是否完成股权分置改革的虚拟变量；SOE为国有企业虚拟变量；Control为控制变量；Year和Industry分别为年份和行业虚拟变量。

2. 剔除一揽子计划对上市国有企业营利能力的影响

为剔除一揽子计划对股权分置改革后上市国有企业营利能力的影响，本文采用两种研究方法。双重匹配思路如图1所示。

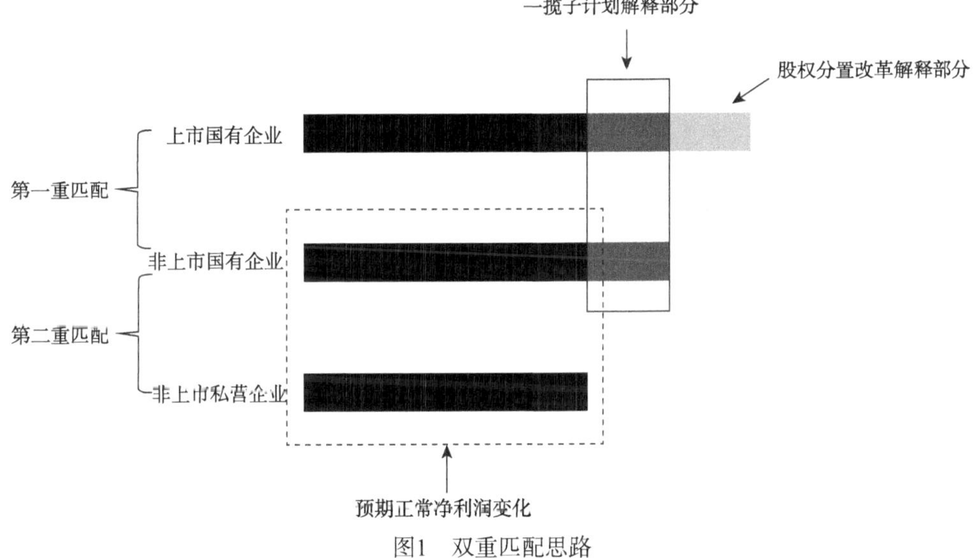

图1 双重匹配思路

第一种方法涉及上市国有企业、非上市国有企业和非上市私营企业的匹配。之所以采用双重匹配的方法，是因为考虑到股权分置改革和一揽子计划在作用主体和作用时间上的重叠影响。首先，非上市国有企业只受一揽子计划的影响而不受股权分置改革的影响，因此用配对[①]的非上市国有企业样本在2008~2010年一揽子计划实施期间净利润中由一揽子计划解释的部分，作为上市国有企业样本在股权分置改革后净利润中由一揽子计划解释的部分，并予以剔除，用调整后的净利润（或息税前利润）除以总资产得到调整

① 采用一对一最近邻且不放回的倾向得分匹配（propensity score matching，PSM）法。

后的总资产收益率ROA（或资产息税前利润率EBIT/Assets）。

其次，在计算非上市国有企业净利润中由一揽子计划解释的部分时，鉴于非上市私营企业不受一揽子计划和股权分置改革的影响，因此选用非上市私营企业作为非上市国有企业的配对样本，借鉴Asimakopoulos等（2009）构建的计算企业营利能力的模型，计算第二重匹配步骤中非上市私营企业的预期总资产收益率（ROA），乘以总资产后得到2008~2010年理论上的预期净利润，作为对应的非上市国有企业净利润中不受一揽子计划解释的部分，扣除后得到第一重匹配步骤中所需的非上市国有企业净利润中由一揽子计划解释的部分。计算非上市私营企业在2008~2010年预期总资产收益率的模型如下。

$$\widehat{\text{ROA}}_{i,t}=\alpha_0+\alpha_1\text{SOE}_{i,t}+\alpha_2\text{Size}_{i,t}+\alpha_3\text{Growth\_rev}_{i,t}+\alpha_4\text{FA\_chg}_{i,t}+\alpha_5\text{LnCA}_{i,t}+\text{Year}+\text{Industry}+\varepsilon_{i,t} \quad (3)$$

其中，$\widehat{\text{ROA}}$ 为预期总资产收益率。

得到上市国有企业剔除一揽子计划影响后的净利润及息税前利润①后，再除以总资产得到调整后的ROA和EBIT/Assets，分别代入模型（1）和模型（2），观察研究结果是否会发生变化。

第二种方法的思路是直接计算上市国有企业在一揽子计划后过度投资导致的营利能力变化。为缓解自选择的内生性问题，本文选择受政府直接干预较少的上市私营企业作为上市国有企业的配对样本，并参照Chen等（2011）和Deng等（2017）的做法，采用城镇登记失业率、人均GDP、地方政府财政赤字、行业集中度、第一大股东持股比例、总资产收益率、资产规模和资产负债率作为匹配指标。

首先，本文借鉴Richardson（2006）、张敏等（2010）、常莹和杜兴强（2013）的做法，构建如下模型估计上市国有企业及其配对样本的过度投资行为。

$$\text{Inv}_{i,t}=\alpha_0+\alpha_1\text{Inv}_{i,t-1}+\alpha_2\text{Growth\_rev}_{i,t-1}+\alpha_3\text{Lev}_{i,t-1}+\alpha_4\text{Cash\_ratio}_{i,t-1}+\alpha_5\text{Age}_{i,t-1}+\alpha_6\text{Size}_{i,t-1}+\alpha_7\text{Return}_{i,t-1}+\varepsilon_{i,t-1} \quad (4)$$

其中，Inv为投资效率，即购买固定资产、无形资产和其他长期资产支付的现金/总资产；t和t-1分别表示当期和滞后一期。

将模型（4）分年度、分行业回归得到残差值，并将大于0的残差值作为过度投资的代理变量。然后，将模型（4）计算得到的过度投资的代理变量代入模型（5），检验一揽子计划对上市国有企业过度投资行为的影响。

$$\text{Overinv}_{i,t}=\alpha_0+\alpha_1\text{ESP}_{i,t}+\alpha_2\text{SOE}_{i,t}+\alpha_3\text{ESP}_{i,t}\times\text{SOE}_{i,t}+\beta\text{Control}_{i,t}+\text{Stkcd}+\varepsilon_{i,t} \quad (5)$$

其中，Overinv为过度投资，即模型（4）计算得到的大于0的残差项；Stkcd为个股的虚拟变量。

最后，本文借鉴张敏等（2010）、申慧慧等（2012）的做法构建过度投资对企业营利能力的影响模型，对上市国有企业的样本进行回归。

① 息税前利润=净利润+所得税费用+财务费用。

$$\mathrm{ROA}_{i,t}=\alpha_0+\alpha_1\mathrm{Overinv}_{i,t}+\beta\mathrm{Control}_{i,t}+\mathrm{Year}+\mathrm{Industry}+\varepsilon_{i,t} \tag{6}$$

结合模型（5）和模型（6）的回归结果，若模型（5）中的系数α_3（记为α_{ESP}）显著为正值且模型（6）的系数α_1（记为$\alpha_{\mathrm{Overinv}}$）显著为负值，则说明上市国有企业在一揽子计划后过度投资导致营利能力下降，具体的影响程度应为$\alpha_{\mathrm{ESP}}\times\alpha_{\mathrm{Overinv}}$。由此得到剔除一揽子计划影响后的总资产收益率为：$\mathrm{adj_ROA}_{i,t}=\mathrm{ROA}_{i,t}-\alpha_{\mathrm{ESP}}\times\alpha_{\mathrm{Overinv}i,t}$，再将其代入模型（1）进行检验，观察结果是否发生变化。相应地，将adj_ROA乘以总资产得到剔除一揽子计划影响后的净利润，并进一步得到调整后的息税前利润和调整后的资产息税前利润率（EBIT/Assets），重新代入模型（2）进行检验。

3. 国有股权比例对股权分置改革后上市公司营利能力的影响

为验证假设3，本文参照Liao等（2014）的做法，按照上市国有企业国有股权比例的25分位数、50分位数、75分位数进行模型（1）和模型（2）的回归。若随着国有股权比例的逐步提高，未能观察到模型（1）和模型（2）中系数α_3的显著下降，则表明高度集中的国有股权比例不是上市国有企业股权分置改革后营利能力未提高的原因。

4. 市场化竞争程度对股权分置改革后上市公司营利能力的影响

为验证假设4，本文首先通过构建的上市国有企业和配对上市私营企业样本在股权分置改革前后营利能力变化的均值和中位数显著性检验进行说明。样本配对在一定程度上控制了上市国有企业和上市私营企业在市场化竞争程度方面的差异，若观察到配对上市私营企业样本在股权分置改革后营利能力相较上市国有企业显著提高，则表明市场化竞争程度的差异不是上市国有企业股权分置改革后营利能力未提高的原因。

其次，本文通过子样本回归对假设4做进一步验证，将低于股权分置改革时行业集中度均值（或中位数）和高于股权分置改革时市场化进程指数（HHI_1、HHI_2）均值（或中位数）的样本定义为市场化竞争程度高，取该子样本进行模型（1）和模型（2）的回归。若系数α_3相较于假设1中的α_3无明显变化，则表明即使处于市场化竞争程度较高的行业（或地区），股权分置改革后上市国有企业的营利能力也并未提高，即市场化竞争程度的差异不是股权分置改革后上市国有企业营利能力未提高的原因。

5. 法律制度环境对股权分置改革后上市公司营利能力的影响

假设5的验证思路和假设4相似。首先，利用构建的上市国有企业和配对上市私营企业样本在股权分置改革前后营利能力变化的均值和中位数显著性检验进行说明。其次，构建子样本回归做进一步验证。本文将高于股权分置改革时市场中介组织的发育和法律环境制度（Lginx）均值（或中位数）的样本定义为法律制度环境良好，取该子样本进行模型（1）和模型（2）的回归。

6. 股权分置改革对上市公司代理问题的影响

本文分别采用管理费率、大股东资金占用和关联交易来度量上市公司的两类代理成本，并构建如下模型（7）检验股权分置改革后上市公司的代理问题是否得到有效缓解。

$$\text{AgencyCost}_{i,t}=\alpha_0+\alpha_1\text{Reform}_{i,t}+\beta\text{Control}_{i,t}+\text{Year}+\text{Industry}+\varepsilon_{i,t} \quad (7)$$

其中，AgencyCost为衡量两类代理成本的变量，具体为管理费率（Manage_ex）、其他应收款（大股东欠款）（Orecta_2）、关联交易总额/总资产（RPT_1）、六类最普遍的关联交易发生额/总资产（RPT_2）；Control为控制变量，包括资产规模（Size）、资产负债率（Lev）、现金持有水平（Cash_ratio）、有形资产所占比例（TANG）、营业收入增长率（Growth_rev）、机构投资者持股比例（Inst）、管理层持股比例（MANG）、董事会规模（Board）、独立董事所占比例（Independent）。

此外，本文还采用总资产周转率、应收账款周转率和存货周转率来度量上市公司的营运效率，并通过模型（8）检验股权分置改革对上市公司营运效率的影响。

$$\text{Turnover}_{i,t}=\alpha_0+\alpha_1\text{Reform}_{i,t}+\beta\text{Control}_{i,t}+\text{Stkcd}+\varepsilon_{i,t} \quad (8)$$

其中，Turnover为营运效率的代理变量，具体为总资产周转率（TA_turnover）、应收账款周转率（AR_turnover）和存货周转率（INV_turnover）；Control为控制变量，具体同模型（7）；Stkcd为个股的虚拟变量。

四、实证结果

（一）描述性统计

表3为本文总样本和上市国有企业、上市私营企业两个子样本主要变量的描述性统计结果。需要说明的是，本文在对Reform这一虚拟变量进行取值时，不包括完成股权分置改革当年，因此，Reform变量的观测值相对减少。

表3 描述性统计结果

Panel A：总样本描述性统计

变量名	样本数	均值	标准差	中位数	25 分位数	75 分位数
ROA	812 6	0.028 0	0.068 0	0.028 9	0.008 8	0.056 7
EBIT/Assets	812 6	0.050 8	0.072 9	0.049 7	0.025 8	0.082 3
Reform	711 3	0.572 8	0.494 7	1.000 0	0	1.000 0
SOE	812 6	0.701 5	0.457 6	1.000 0	0	1.000 0
Size	812 6	21.496 5	1.123 4	21.431 6	20.753 2	22.149 1
Lev	812 6	0.522 9	0.210 9	0.523 7	0.382 4	0.649 4
Cash_ratio	812 6	0.148 4	0.106 9	0.124 3	0.071 9	0.199 1
CAPE	812 6	0.056 2	0.057 7	0.037 2	0.013 3	0.078 4

续表

Panel B：上市国有企业和上市私营企业子样本描述性统计						
变量名	上市国有企业			上市私营企业		
	均值	标准差	中位数	均值	标准差	中位数
ROA	0.029 7	0.062 4	0.028 8	0.023 9	0.079 4	0.029 4
EBIT/Assets	0.051 8	0.067 7	0.048 8	0.048 4	0.083 9	0.052 1
Reform	0.553 4	0.497 2	1.000 0	0.618 8	0.485 8	1.000 0
SOE	1.000 0	0	1.000 0	0	0	0
Size	21.671 1	1.100 7	21.573 6	21.086 2	1.068 2	21.063 4
Lev	0.513 6	0.192 5	0.520 6	0.544 7	0.247 6	0.530 4
Cash_ratio	0.149 4	0.104 3	0.126 0	0.146 0	0.113 0	0.120 6
CAPE	0.060 1	0.058 8	0.041 6	0.047 0	0.054 0	0.028 1

注：所有连续型变量均已进行上下 1%的缩尾处理；限于篇幅未报告全部变量的描述性统计结果，可根据要求提供

从表3的描述性统计结果看，在未进行样本配对的情况下，上市国有企业的ROA和EBIT/Assets的均值（0.029 7/0.051 8）略高于上市私营企业的ROA和EBIT/Assets（0.023 9/0.048 4），中位数的统计结果则相反。在资产负债率方面，上市私营企业（0.544 7）略高于上市国有企业（0.513 6），这与Liao等（2014）的统计结果一致。

（二）相关性分析

变量之间的相关性分析结果表明①，绝大多数变量间的相关系数均在可接受范围内，说明本文的研究变量间不存在严重的多重共线性。度量营利能力的两个变量ROA和EBIT/Assets之间的相关系数较高，这是因为EBIT的计算基准为净利润，仍属于合理可解释的范围。

（三）实证回归结果

1. 股权分置改革后上市公司营利能力的变化

为检验股权分置改革后上市公司营利能力的变化，本文首先对总样本和上市国有企业、上市私营企业两个子样本均各自进行模型（1）和模型（2）的回归，回归结果如表4所示。

表4　股权分置改革与上市公司营利能力的回归结果

Panel A：因变量 ROA				
变量	总样本		上市国有企业	上市私营企业
	（1）	（2）	（3）	（4）
Reform	0.000 9	0.007 8	0.001 2	0.018 1***
	（0.107）	（0.878）	（0.148）	（3.933）

① 限于篇幅，本文未报告相关性分析表，可根据要求提供。

续表

Panel A：因变量 ROA				
变量	总样本		上市国有企业	上市私营企业
	（1）	（2）	（3）	（4）
SOE		-0.001 6		
		（-0.501）		
Reform×SOE		-0.012 1***		
		（-2.872）		
Size	0.006 7***	0.007 4***	0.008 0***	-0.018 3***
	（5.716）	（6.592）	（9.304）	（-4.569）
Lev	-0.100 3***	-0.100 7***	-0.116 0***	-0.115 6***
	（-13.163）	（-12.878）	（-27.563）	（-10.304）
Cash_ratio	0.085 2***	0.086 0***	0.082 9***	0.122 2***
	（8.272）	（8.728）	（11.109）	（6.641）
TANG	0.010 6	0.011 5	0.021 9*	-0.034 3
	（0.581）	（0.595）	（1.735）	（-0.979）
CAPE	0.114 3***	0.118 7***	0.124 2***	0.049 7
	（7.574）	（7.994）	（9.130）	（1.433）
Growth_asset	0.046 6***	0.046 0***	0.038 8***	0.060 8***
	（10.200）	（10.106）	（15.183）	（11.354）
Inst	0.000 6***	0.000 6***	0.000 6***	0.000 2*
	（9.072）	（9.206）	（14.388）	（1.747）
Top1	-0.000 1	-0	-0	0.000 4
	（-0.879）	（-0.163）	（-0.803）	（1.480）
MANG	-0.000 1	-0.000 5	0.000 9	0.004 6**
	（-0.070）	（-0.446）	（0.797）	（2.454）
NTS	0.005 0***	0.004 6***	0.004 0***	-0.001 9
	（3.930）	（3.764）	（3.193）	（-0.568）
Div	0.000 2***	0.000 2***	0.000 1***	-0
	（6.580）	（6.693）	（6.041）	（-0.125）
Board	-0.000 6*	-0.000 4	-0.000 1	-0.001 3
	（-1.976）	（-1.301）	（-0.288）	（-1.260）
Independent	0	-0	0.000 1	-0.000 5*
	（0.008）	（-0.258）	（1.149）	（-1.687）
截距项	-0.103 6***	-0.121 5***	-0.152 0***	0.481 2***
	（-3.060）	（-3.681）	（-7.020）	（5.305）
N	7 113	7 113	5 009	2 104
R^2	0.353 9	0.358 3	0.397 2	0.543 8
Year	控制	控制	控制	控制
Industry	控制	控制	控制	控制

续表

Panel B：因变量 EBIT/Assets

变量	总样本		上市国有企业	上市私营企业
	（1）	（2）	（3）	（4）
Reform	0.008 5	0.017 2*	0.005 4	0.026 2***
	（0.876）	（1.712）	（0.591）	（5.303）
SOE		−0.002 5		
		（−0.735）		
Reform×SOE		−0.015 5***		
		（−3.109）		
Size	0.006 2***	0.007 1***	0.007 8***	−0.023 1***
	（4.450）	（5.475）	（8.169）	（−5.354）
Lev	−0.076 6***	−0.077 1***	−0.096 9***	−0.099 1***
	（−8.489）	（−8.335）	（−20.660）	（−8.207）
Cash_ratio	0.079 9***	0.080 9***	0.080 0***	0.133 4***
	（5.913）	（6.213）	（9.610）	（6.740）
TANG	−0.010 2	−0.009 1	0.005 2	−0.058 0
	（−0.466）	（−0.389）	（0.369）	（−1.541）
CAPE	0.141 7***	0.147 5***	0.134 5***	0.056 1
	（8.314）	（8.848）	（8.869）	（1.502）
Growth_asset	0.045 3***	0.044 5***	0.038 1***	0.060 8***
	（8.933）	（8.810）	（13.368）	（10.552）
Inst	0.000 8***	0.000 8***	0.000 7***	0.000 2
	（8.595）	（8.768）	（15.583）	（1.552）
Top1	−0.000 1	−0	−0.000 1	0.000 5*
	（−1.118）	（−0.272）	（−1.104）	（1.890）
MANG	−0.000 5	−0.001 0	0.000 8	0.004 1**
	（−0.416）	（−0.879）	（0.641）	（2.036）
NTS	0.006 3***	0.005 8***	0.004 7***	−0.001 6
	（4.733）	（4.491）	（3.394）	（−0.441）
Div	0.000 2***	0.000 2***	0.000 2***	−0
	（6.816）	（6.993）	（6.478）	（−0.388）
Board	−0.000 7**	−0.000 5	−0.000 2	−0.001 3
	（−2.032）	（−1.276）	（−0.669）	（ 1.163）
Independent	−0.000 1	−0.000 1	0.000 1	0.000 6*
	（−0.334）	（−0.661）	（0.651）	（−1.787）
截距项	−0.063 0	−0.086 3**	−0.116 9***	0.611 8***
	（−1.573）	（−2.220）	（−4.843）	（6.271）
N	7 113	7 113	5 009	2 104
R^2	0.298 4	0.305 1	0.358 4	0.523 5
Year	控制	控制	控制	控制
Industry	控制	控制	控制	控制

***、**、*分别表示显著性水平为 0.01、0.05、0.1

注：括号内为 t 值

从表4中第（1）列、第（2）列Reform的回归系数可以发现，股权分置改革后上市公司的营利能力并未提高，再次印证了以往研究中关于股权分置改革对上市公司营利能力影响的争议。第（2）列Reform×SOE的回归系数显著为负值，说明当上市公司为国有企业时，股权分置改革后公司的营利能力不但没有提高反而显著降低了，与林莞娟等（2016）的结果基本一致。在第（3）列中，Reform的系数仍不显著，说明在控制了其他可能因素后，上市国有企业在股权分置改革后的营利能力并未显著提高。但是，在第（4）列中，Reform的回归系数为正值，且在0.01的统计水平上显著，表明上市私营企业在股权分置改革后营利能力显著提高。

为了克服上市国有企业和上市私营企业两个子样本之间存在的不可观测因素的差异导致的回归结果偏误，进一步检验股权分置改革对上市国有企业营利能力的影响，本文借鉴Liao等（2014）的做法，选择资产规模、行业和年份作为匹配指标，采用PSM方法为上市国有企业选择合适的上市私营企业作为配对样本。

完成配对后，本文首先通过非参数检验对上市国有企业和配对上市私营企业在股权分置改革前后营利能力变化的均值和中位数进行显著性检验。其中，用*T*统计量（均值*t*检验）检验均值变化的显著性，用*Z*统计量（Wilcoxon符号秩检验）检验中位数变化的显著性。检验结果如表5所示。

表5　股权分置改革前后上市公司营利能力变化的非参数检验结果

变量	均值 *t* 检验			Wilcoxon 符号秩检验		
	私营企业	国有企业	国有企业—私营企业	私营企业	国有企业	国有企业—私营企业
	（1）	（2）	（3）	（4）	（5）	（6）
ROA	0.019*** （0）	0.007*** （0）	−0.012*** （0.005）	0.008*** （0）	0.003*** （0）	−0.005** （0.012）
EBIT/Assets	0.025*** （0）	0.011*** （0）	−0.014*** （0.003）	0.011*** （0）	0.006*** （0）	−0.005** （0.031）

***、**分别表示显著性水平为 0.01、0.05

注：括号内为 *p* 值

从表5的非参数检验结果来看，第（1）列、第（2）列、第（4）列、第（5）列中上市国有企业和配对的上市私营企业在股权分置改革后的营利能力均显著提高（在0.01的统计水平上显著）；但第（3）列、第（6）列的检验结果表明，在采用配对上市私营企业控制了除股权分置改革外的其他宏观因素的影响后，上市国有企业的营利能力显著下降。综上表明，除股权分置改革外的其他宏观因素对上市国有企业在股权分置改革前后的营利水平变化产生了负向影响，使得从表4的回归结果来看，上市国有企业在股权分置改革后的营利能力并未显著提高。

2. 剔除一揽子计划影响后上市公司营利能力的变化

在第一种剔除方法中，本文采用了双重匹配样本的方法。两步骤的匹配效果如表6所示。从表6的配对结果可以发现，匹配后，上市国有企业与非上市国有企业、非上市国有企业与非上市私营企业在资产规模、资产负债率等方面已无显著差异，保证了配对样本的可比性，为后续剔除一揽子计划的重叠影响提供了保证。

表6　样本配对前后差异（第一种剔除方法）

Panel A：上市国有企业和非上市国有企业样本匹配					
变量		上市国有企业	非上市国有企业	差值	*p* 值
2008 年					
Size	匹配前	14.893	11.363	3.530	0
	匹配后	14.872	14.872	0	0.999
Lev	匹配前	0.543	0.507	0.036	0
	匹配后	0.543	0.532	0.011	0.405
Industry	匹配前	19.445	21.828	−2.383	0
	匹配后	19.484	19.592	−0.108	0.879
2009 年					
Size	匹配前	15.036	11.490	3.546	0
	匹配后	15.024	15.017	0.007	0.937
Lev	匹配前	0.556	0.506	0.050	0
	匹配后	0.556	0.569	−0.013	0.356
Industry	匹配前	19.270	21.735	−2.465	0
	匹配后	19.309	19.109	0.200	0.775
2010 年					
Size	匹配前	15.197	10.881	4.316	0
	匹配后	15.090	15.217	−0.127	0.195
Lev	匹配前	0.553	0.455	0.098	0
	匹配后	0.546	0.515	0.031	0.010
Industry	匹配前	19.503	20.821	−1.318	0.014
	匹配后	19.394	19.458	−0.064	0.928
Panel B：非上市国有企业和非上市私营企业样本匹配					
变量		非上市国有企业	非上市私营企业	差值	*p* 值
Size	匹配前	14.816	9.819	4.997	0
	匹配后	14.810	14.801	0.009	0.873
Lev	匹配前	0.536	0.457	0.079	0
	匹配后	0.536	0.543	−0.007	0.383
Industry	匹配前	19.223	16.153	3.070	0
	匹配后	19.208	19.523	−0.315	0.527
Year	匹配前	2 009.0	2 009.1	0.100	0
	匹配后	2 009.0	2 008.9	−0.100	0.001

对比表7第（1）列、第（4）列和表4第（1）列的回归结果可以发现，在剔除一揽子计划的影响后，Reform的回归系数显著为正值，即在控制了一揽子计划的影响后，股权分置改革显著提高了上市公司的营利能力。虽然表7第（2）列中Reform×SOE的回归系数仍然显著为负值，说明股权分置改革后上市国有企业营利能力的提升幅度仍小于上市私

营企业，但相较表4第（2）列的结果已有所提高。进一步观察表7第（3）列、第（6）列上市国有企业子样本的回归结果发现，在剔除一揽子计划的影响后，上市国有企业的营利能力显著提高，具体来说，第（3）列、第（6）列中Reform的回归系数分别为0.016 3和0.020 6，且均在0.01的统计水平上显著。

表7 剔除一揽子计划影响后股权分置改革对上市国有企业营利能力影响的回归结果（一）

变量	因变量 ROA			因变量 EBIT/Assets		
	总样本		上市国有企业	总样本		上市国有企业
	（1）	（2）	（3）	（4）	（5）	（6）
Reform	0.017 9***	0.021 2***	0.016 3***	0.023 6***	0.028 5***	0.020 6***
	（8.208）	（7.400）	（4.754）	（10.015）	（9.169）	（5.544）
SOE		−0.012 6***			−0.014 9***	
		（−3.163）			（−3.451）	
Reform×SOE		−0.006 6**			−0.009 3***	
		（−2.266）			（−2.932）	
Control1)	控制	控制	控制	控制	控制	控制
N	7 113	7 113	5 009	7 113	7 113	5 009
R^2	0.526 0	0.528 1	0.548 9	0.510 4	0.513 4	0.538 3
Year	控制	控制	控制	控制	控制	控制
Industry	控制	控制	控制	控制	控制	控制

***、**分别表示显著性水平为0.01、0.05

1）限于篇幅，未报告控制变量的具体回归结果

注：括号内为t值

第二种剔除方法的思路是直接计算上市国有企业在一揽子计划后过度投资导致的营利能力变化①。

从表8中ESP×SOE的回归系数和显著性可以发现，一揽子计划实施期间，上市国有企业的过度投资行为平均提高了0.011（在0.1的统计水平上显著）。

表8 一揽子计划与上市国有企业过度投资的回归结果

变量	因变量 Overinv
ESP	−0.002
	（−0.36）
SOE	0.001
	（0.19）
ESP×SOE	0.011*
	（1.72）
Size	0.000
	（0.07）
Lev	−0.015
	（−1.12）

① 限于篇幅，本文未报告第二种剔除方法的匹配效果表，可根据要求提供。

续表

变量	因变量 Overinv
Bankloan	0.003
	（0.88）
Top1	0
	（1.03）
MANG	−0.001
	（−0.89）
Independent	−0.000
	（−1.39）
Inst	−0.000
	（−0.12）
PC_dummy	−0.001
	（−0.19）
OPCF	0.048***
	（2.95）
截距项	0.037
	（0.45）
N	1 339
R^2	0.610 4
Stkcd	控制

***、*分别表示显著性水平为 0.01、0.1

注：表中回归的样本仅为利用过度投资估计模型计算得到的存在过度投资行为的样本；括号内为 t 值

在表8回归结果的基础上，本文进一步研究一揽子计划实施期间存在过度投资行为的上市国有企业营利能力的变化，并进行模型（5）的回归，回归结果如表9所示。

表9　上市国有企业过度投资与营利能力的回归结果

变量	因变量 ROA
Overinv	−0.408**
	（−2.46）
Return	−0.001
	（−0.22）
Size	0.006
	（0.59）
Lev	−0.197***
	（−4.96）
Tobin Q	0.012***
	（3.20）
Top1	−0.001**
	（−2.04）

续表

变量	因变量 ROA
OPCF	0.132***
	(3.00)
CAPE	0.350***
	(3.43)
Orecta_1	−0.188***
	(−2.66)
Independent	0.000
	(0.16)
Growth_asset	0.048***
	(2.83)
Dual	−0.026*
	(−1.87)
截距项	0.005
	(0.03)
N	671
R^2	0.849 0
Stkcd	控制

***、**、*分别表示显著性水平为 0.01、0.05、0.1

注：表中回归的样本仅为存在过度投资行为的上市国有企业样本；括号内为 t 值

表9的回归结果表明，上市国有企业的过度投资行为导致营利能力平均下降0.408（在0.05的统计水平上显著）。结合表8和表9的回归结果可以得出，一揽子计划实施期间，上市国有企业的过度投资行为导致营利能力平均下降了0.449%（=0.011×0.408）。由此得到剔除一揽子计划影响后的ROA和EBIT/Assets，分别重新代入模型（1）和模型（2）进行回归，观察剔除一揽子计划影响后股权分置改革是否显著提高了上市国有企业的营利能力。回归结果如表10所示。

表10 剔除一揽子计划影响后股权分置改革对上市国有企业营利能力影响的回归结果（二）

变量	因变量 ROA		因变量 EBIT/Assets	
	(1)	(2)	(3)	(4)
	总样本	上市国有企业	总样本	上市国有企业
Reform	0.038 9***	0.011 9***	0.106 3***	0.079 4***
	(4.902)	(3.837)	(6.335)	(7.308)
Control	控制	控制	控制	控制
N	7 113	5 009	7 113	5 009
R^2	0.202 7	0.502 6	0.198 5	0.324 7
Year	控制	控制	控制	控制
Industry	控制	控制	控制	控制

***表示显著性水平为 0.01

注：括号内为 t 值

从表10中总样本和上市国有企业子样本的回归结果可以发现，在剔除了一揽子计划的影响后，股权分置改革显著提高了上市国有企业的营利能力。具体来说，在剔除一揽子计划的影响后，股权分置改革后上市国有企业的ROA平均提高了1.19%，EBIT/Assets平均提高了7.94%，且均在0.01的统计水平上显著。

综上，本文采用两种研究方法来剔除一揽子计划对股权分置改革后上市国有企业营利能力的影响，且均发现，在控制一揽子计划的影响后，股权分置改革显著提高了上市国有企业的营利能力，由此验证了假设2。值得注意的是，在两种剔除方法下，ROA的提高幅度相近，说明了剔除结果的可靠性。

3. 排除国有股权比例高度集中的解释

为检验假设3，本文按照国有股权比例的25分位数、50分位数和75分位数进行模型（1）和模型（2）的分位数回归，回归结果如表11所示。

表11　国有股权比例的分位数回归

变量	因变量 ROA			因变量 EBIT/Assets		
	（1）	（2）	（3）	（4）	（5）	（6）
	25 分位数	50 分位数	75 分位数	25 分位数	50 分位数	75 分位数
Reform	0.009 5	0.015 3	0.020 0	0.011 8	0.020 7	0.028 4
	（0.138）	（0.497）	（0.952）	（0.205）	（0.466）	（0.464）
SOE	0.007 2	0.005 5	0.004 1	0.006 6	0.004 3	0.002 2
	（0.076）	（0.128）	（0.141）	（0.084）	（0.071）	（0.027）
Reform×SOE	−0.026 9	−0.026 8	−0.026 7	−0.031 2	−0.032 7	−0.034 0
	（−0.256）	（−0.564）	（−0.825）	（−0.358）	（−0.487）	（−0.367）
Control	控制	控制	控制	控制	控制	控制
N	7 113	7 113	7 113	7 113	7 113	7 113

注：括号内为 *t* 值

从表11的回归结果来看，当被解释变量为ROA或EBIT/Assets时，随着国有股权比例的提高，Reform×SOE的系数均未发生显著变化，即股权分置改革后上市国有企业的营利能力并未随着国有股权比例的提高而显著降低，假设3得到验证。

4. 排除市场化竞争程度存在差异的解释

从表5的检验结果可以发现，配对上市私营企业样本在股权分置改革后营利能力相较上市国有企业仍显著提高。样本配对在一定程度上控制了上市国有企业和上市私营企业之间的差异，使得市场化进程同时作用于上市国有企业和配对上市私营企业样本，即两样本之间不存在显著的市场化竞争程度差异，但仍能观察到股权分置改革后上市私营企业的营利能力较上市国有企业显著提高，这表明市场化竞争程度的差异不是上市国有企业股权分置改革后营利能力未提高的原因。

表12报告了不同市场化竞争程度下股权分置改革对上市国有企业营利能力的影响。具体来看，Panel A中股权分置改革后上市国有企业的营利能力并未随着市场化竞争程度

的提高而显著提高；而且，当采用上市公司和非上市公司的HHI_2来度量市场化竞争程度时，第（4）列、第（8）列中市场化竞争程度低的上市国有企业，其股权分置改革后营利能力显著提高。Panel B中第（3）列、第（6）列比较了Reform分组回归系数的差异，可以发现，采用HHI_1进行度量时，高分组和低分组的回归系数并未存在显著差异，而且在采用HHI_2度量市场化进程时，高分组的回归系数显著低于低分组的回归系数。综上，表5和表12的结果可以说明，市场化竞争程度的差异不是导致股权分置改革后上市国有企业营利能力未提高的原因，假设4得到验证。

表12　不同市场化竞争程度下股权分置改革对上市国有企业营利能力的影响

Panel A：分组回归结果

变量	因变量 ROA				因变量 EBIT/Assets			
	HHI_1		HHI_2		HHI_1		HHI_2	
	（1）	（2）	（3）	（4）	（5）	（6）	（7）	（8）
	高分组	低分组	高分组	低分组	高分组	低分组	高分组	低分组
Reform	0.002 0	−0.000 9	−0.013 4	0.035 1***	0.007 3	0.001 4	−0.008 4	0.036 4**
	（0.195）	（−0.059）	（−1.256）	（2.854）	（0.654）	（0.084）	（−0.713）	（2.555）
Control	控制	控制	控制	控制	控制	控制	控制	控制
N	3 664	1 345	3 414	1 595	3 664	1 345	3 414	1 595
R^2	0.374 7	0.468 2	0.389 0	0.437 8	0.332 1	0.436 4	0.348 8	0.399 9
Year	控制	控制	控制	控制	控制	控制	控制	控制
Industry	控制	控制	控制	控制	控制	控制	控制	控制

Panel B：分组回归系数差异

变量	HHI_1			HHI_2		
	（1）	（2）	（3）	（4）	（5）	（6）
	高分组	低分组	高分组−低分组	高分组	低分组	高分组−低分组
ROA	0.002 0	−0.000 9	0.002 9	−0.013 4	0.035 1**	−0.048 5***
	（0.856）	（0.957）	（0.885）	（0.222）	（0.011）	（0.006）
EBIT/Assets	0.007 3	0.001 4	0.005 9	−0.008 4	0.036 4**	−0.044 8**
	（0.654）	（0.084）	（0.791）	（0.487）	（0.021）	（0.024）

***、**分别表示显著性水平为0.01、0.05

注：Panel A括号内为 *t* 值，Panel B括号内为 *p* 值

5. 排除法律制度环境存在差异的解释

表13报告了法律制度环境差异对股权分置改革后上市国有企业营利能力的影响。其中，Panel A为分组回归结果，Panel B为Reform分组回归系数差异。具体来看，Panel A中股权分置改革后上市国有企业的营利能力并未随着法律制度环境的改善而显著提高。Panel B中第（3）列、第（6）列比较了Reform分组回归系数的差异，可以发现，不论是用均值还是中位数进行划分，高分组和低分组的回归系数并未存在显著差异。综上，结合表5和表13的检验结果可以说明，法律制度环境的差异不是股权分置改革后上市国有企业营利能力未提高的原因，假设5得到验证。

表13　法律制度环境差异对股权分置改革后上市国有企业营利能力的影响

Panel A：分组回归结果

变量	因变量 ROA				因变量 EBIT/Assets			
	均值		中位数		均值		中位数	
	（1）	（2）	（3）	（4）	（5）	（6）	（7）	（8）
	高分组	低分组	高分组	低分组	高分组	低分组	高分组	低分组
Reform	−0.000 3	0.001 4	−0.001 5	0.002 2	0.001 7	0.003 4	−0.000 1	0.004 2
	（−0.042）	（0.351）	（−0.265）	（0.441）	（0.203）	（0.597）	（−0.008）	（0.658）
Control	控制	控制	控制	控制	控制	控制	控制	控制
N	2 138	2 871	2 416	2 593	2 138	2 871	2 416	2 593
R^2	0.352 2	0.430 4	0.371 9	0.421 9	0.306 7	0.396 6	0.335 8	0.383 3
Year	控制	控制	控制	控制	控制	控制	控制	控制
Industry	控制	控制	控制	控制	控制	控制	控制	控制

Panel B：分组回归系数差异

变量	均值			中位数		
	（1）	（2）	（3）	（4）	（5）	（6）
	高分组	低分组	高分组-低分组	高分组	低分组	高分组-低分组
ROA	−0.000 3	0.001 4	−0.001 7	−0.001 5	0.002 2	−0.003 7*
	（0.968）	（0.735）	（0.120）	（0.798）	（0.671）	（0.099）
EBIT/Assets	0.001 7	0.003 4	−0.001 7	−0.000 1	0.004 2	−0.004 3
	（0.844）	（0.567）	（0.142）	（0.994）	（0.529）	（0.196）

*表示显著性水平为 0.1

注：Panel A 括号内为 t 值，Panel B 括号内为 p 值

（四）进一步研究

整体而言，在控制了一揽子计划的影响后，股权分置改革显著提高了上市公司的营利能力。在探讨股权分置改革对上市公司营利能力的影响机制时，基于以往研究，本文从公司治理（两类代理成本）和营运效率两个角度出发，检验股权分置改革后上市公司的代理问题是否得到缓解，以及控制权转让的交易成本是否得到有效降低。

1. 两类代理成本

表14报告了股权分置改革后上市公司两类代理成本的变化。其中，第（1）列为采用管理费率度量的第一类代理成本，Reform的回归系数显著为负值，表明股权分置改革后上市公司的管理费率显著下降；第（2）列为采用其他应收款（大股东欠款）度量的第二类代理成本，Reform的系数显著为负值，即上市公司的大股东资金占用行为在股权分置改革后有所减少；第（3）列、第（4）列为采用关联交易度量的第二类代理成本，Reform的回归系数均显著为负值，说明股权分置改革后上市公司的关联交易行为显著减少。综上，基于表14的回归结果可以发现，股权分置改革后上市公司的两类代理成本均有效降

低，股权分置改革带来的控制权转让降低了上市公司的交易成本，进而提高了上市公司的营利能力。

表14　股权分置改革后上市公司两类代理成本的变化

因变量	Manage_ex （1）	Orecta_2 （2）	RPT_1 （3）	RPT_2 （4）
Reform	−0.025 5***	−0.008 2***	−0.129 5*	−0.107 1*
	（−4.268）	（−5.461）	（−1.953）	（−1.836）
Control	控制	控制	控制	控制
N	7 113	7 113	7 113	7 113
R^2	0.233 7	0.095 0	0.113 2	0.128 0
Year	控制	控制	控制	控制
Industry	控制	控制	控制	控制

***、*分别表示显著性水平为 0.01、0.1

注：括号内为 t 值

2. 营运效率

从表15的回归结果可以看出，在控制了个股的固定效应后，第（1）列至第（3）列中Reform的回归系数均显著为正值（在0.01的统计水平上显著），表明股权分置改革后上市公司的营运效率显著提高。

表15　股权分置改革后上市公司营运效率的变化

因变量	TA_turnover （1）	INV_turnover （2）	AR_turnover （3）
Reform	0.094 3***	1.471 8***	20.079 0***
	（10.391）	（3.812）	（4.838）
Control	控制	控制	控制
N	7 113	7 113	7 113
R^2	0.843 9	0.775 7	0.656 7
Stkcd	控制	控制	控制

***表示显著性水平为 0.01

注：括号内为 t 值

（五）稳健性检验

为保证研究结论的可靠性，本文在稳健性检验部分采用销售净利率（ROS）和营收息税前利润率（EBIT/Sales）作为上市公司营利能力的代理变量，重新检验控制一揽子计划的影响后股权分置改革对上市国有企业营利能力的影响；采用樊纲等（2011）、王小鲁等（2016）的“中国各地区市场化进程相对指数”（Mkinx_1）和“产品市场发育程度子指数”（Mkinx_2）对地区层面的市场竞争程度进行衡量（夏立军和陈信元 2007），对市场化竞争程度这一可能解释进行重新检验。两种稳健性检验中回归结果与主检验部分的结论均保持一致。限于篇幅，本文在此不报告具体检验结果。

五、研究结论和局限

作为我国资本市场一项重大的基础性制度改革，股权分置改革纠正了控股股东（原非流通股股东）的利益取向，从而形成非流通股股东和流通股股东的共同利益平台，在一定程度上缓解了之前股权分置结构下我国上市公司存在的大小股东间的代理问题；而且，基于科斯定理的视角可以发现，股权分置改革使得上市公司的控制权转让成为可能，进而降低了上市公司的交易成本。但梳理以往研究可以发现，在股权分置改革对上市公司经营业绩和营利能力的研究上尚未得出一致结论。本文从一揽子计划的研究视角出发，对以往研究存在的争议提出一种可能的解释，即以往研究在考虑股权分置改革对上市公司营利能力的影响时，均未考虑一揽子计划对股权分置改革的效果在作用时间、作用主体和作用效果上的交叠影响。

本文采用“上市国有企业—非上市国有企业—非上市私营企业”双重匹配方法和直接计算一揽子计划导致的过度投资对上市国有企业营利能力的影响的方法来剔除一揽子计划的影响。研究发现，在未剔除一揽子计划的影响之前，股权分置改革后上市国有企业的营利能力并未提高，这与以往研究中存在的争议一致；在控制了一揽子计划的重叠影响后，股权分置改革显著提高了上市国有企业的营利能力，与本文提出的解释一致。

本文的研究尚存在不足之处。例如，在双重匹配方法中，由于中国工业企业数据库中近90%的行业为制造业，导致上市国有企业中其他行业的样本未能实现有效匹配，可能会对本文的研究结论产生一定影响。另外，在直接计算一揽子计划导致的过度投资对上市国有企业营利能力的影响时，若用没有政治关联的上市私营企业作为配对样本，可能配对效果和剔除结果会更加精确。后续研究若能获取相关数据，可以做更为深入的分析。

参 考 文 献

常莹，杜兴强. 2013. 股东控制权、Shapley-Shubik 权力指数与过度投资——基于中国民营上市公司的经验证据. 当代会计评论，（2）：6-31.

陈仕华，郑文全. 2010. 公司治理理论的最新进展：一个新的分析框架. 管理世界，（2）：156-166.

陈信元，黄俊. 2016. 股权分置改革、股权层级与企业绩效. 会计研究，（1）：56-62，96.

樊纲，王小鲁，朱恒鹏. 2011. 中国市场化指数：各地区市场化相对进程 2011 年报告. 北京：经济科学出版社.

黄海杰，吕长江，Edward L. 2016. “四万亿投资”政策对企业投资效率的影响. 会计研究，（2）：51-57，96.
廖理，沈红波，郦金梁. 2008. 股权分置改革与上市公司治理的实证研究. 中国工业经济，（5）：99-108.
林莞娟，王辉，韩涛. 2016. 股权分置改革对国有控股比例以及企业绩效影响的研究. 金融研究，（1）：192-206.
刘煜辉，熊鹏. 2005. 股权分置、政府管制和中国 IPO 抑价. 经济研究，（5）：85-95.
米献炜. 2002. 产权界定与资源配置：科斯定理的再认识. 南开经济研究，（4）：66-69.
申慧慧，于鹏，吴联生. 2012. 国有股权、环境不确定性与投资效率. 经济研究，（7）：113-126.
唐国正，熊德华，巫和懋. 2005. 股权分置改革中的投资者保护与投资者理性. 金融研究，（9）：137-154.
汪昌云，孙艳梅，郑志刚，等. 2010. 股权分置改革是否改善了上市公司治理机制的有效性. 金融研究，（12）：131-145.
王鹏. 2008. 投资者保护、代理成本与公司绩效. 经济研究，（2）：68-82.
王小鲁，樊纲，余静文. 2016. 中国分省份市场化指数报告（2016）. 北京：社会科学文献出版社.
吴晓求. 2004. 股权流动性分裂的八大危害——中国资本市场为什么必须进行全流通变革. 财贸经济，（5）：49-54，96.
吴晓求. 2006. 股权分置改革的若干理论问题——兼论全流通条件下中国资本市场的若干新变化. 财贸经济，（2）：24-31，96.
夏立军，陈信元. 2007. 市场化进程、国企改革策略与公司治理结构的内生决定. 经济研究，（7）：82-95，136.
张敏，吴联生，王亚平. 2010. 国有股权、公司业绩与投资行为. 金融研究，（12）：115-130.
Asimakopoulos I，Samitas A，Papadogonas T，et al. 2009. Firm-specific and economy wide determinants of firm profitability：Greek evidence using panel data. Managerial Finance，35（11）：930-939.
Bin L，Chen D H，Chan K. 2015. Chinese corporate profitability performance following the split-share structure reform. Journal of Finance and Accountancy，19（3）：1-12.
Chen D H，Jian M，Xu M. 2009. Dividends for tunneling in a regulated economy：the case of China. Pacific-Basin Finance Journal，17（2）：209-223.
Chen J D，Cumming D，Hou W，et al. 2016. CEO accountability for corporate fraud：evidence from the split share structure reform in China. Journal of Business Ethics，138（4）：787-806.
Chen Q，Chen X，Schipper K，et al. 2012. The sensitivity of corporate cash holdings to corporate governance. The Review of Financial Studies，25（12）：3610-3644.
Chen S M，Sun Z，Tang S，et al. 2011. Government intervention and investment efficiency：evidence from China. Journal of Corporate Finance，17（2）：259-271.
Deng L，Jiang P，Li S F，et al. 2017. Government intervention and firm investment. Journal of Corporate Finance，32：637-653.
Dyck A，Zingales L. 2004. Private benefits of control：an international comparison. The Journal of Finance，59（2）：537-600.
Faleye O. 2004. Cash and corporate control. The Journal of Finance，59（5）：2041-2060.
Fan J P H，Wong T J，Zhang T Y. 2007. Politically connected CEOs，corporate governance，and post-IPO performance of China's newly partially privatized firms. Journal of Financial Economics，84（2）：330-357.
Harford J，Mansi S A，Maxwell W F. 2008. Corporate governance and firm cash holdings in the US. Journal of Financial Economics，87（3）：535-555.
He W，Mukherjee T K，Baker H K. 2017. The effect of the split share structure reform on working capital management of Chinese companies. Global Finance Journal，33（5）：27-37.

Jiang B B，Laurenceson J，Tang K K. 2008. Share reform and the performance of China's listed companies. China Economic Review，19（3）：489-501.

Jiang G H，Lee C M C，Yue H. 2010. Tunneling through intercorporate loans：the China experience. Journal of Financial Economics，98（1）：1-20.

Liao L，Liu B B，Wang H. 2014. China's secondary privatization：perspectives from the split-share structure reform. Journal of Financial Economics，113（3）：500-518.

Liu Q G，Pan X F，Tian G G. 2018. To What extent did the economic stimulus package influence bank lending and corporate investment decisions? Evidence from China. Journal of Banking & Finance，86（1）：177-193.

Richardson S. 2006. Over-investment of free cash flow. Review of Accounting Studies，11（2~3）：159-189.

Sun J，Yuan R L，Cao F，et al. 2017. Principal-principal agency problems and stock price crash risk：evidence from the split-share structure reform in China. Corporate Governance：An International Review，25（3）：186-199.

Tu G Q，Yu F. 2015. Tunneling or not? The change of legal environment on the effect of post-privatization performance. Journal of Business Ethics，129（2）：491-510.

Wen Y，Wu J. 2014. Withstanding great recession like China. Working Paper.

Xiao G. 2015. Trading and earnings management：evidence from China's non-tradable share reform. Journal of Corporate Finance，31（4）：67-90.

Why Did the Split-Share Structure Reform Fail to Improve Profitability?

Siyuan Hu，Haili Li and Zhe Shen

School of Management，Xiamen University，Xiamen，Fujian，China 361000

Abstract：According to the Coarse theorem，the Split-share Structure Reform in China which reduces transaction costs associated with control rights transfer should lead to profitability improvements for listed SOEs. However，previous studies show that the profitability of SOEs does not seem to improve significantly after the reform. This paper proposes a possible explanation that profitability improvements duo to the reform can be overwhelmed by profitability declines due to a greater extent of overinvestment by SOEs as a results of a package of economic stimulus measures dealing with the Global Financial Crisis. Using a sample of non-financial A-share listed companies，this paper uses both the Difference-in-Differences methodology and a direct estimation approach to adjust for the confounding effects arising from the stimulus package and documents evidence consistent with our explanation：（1）Before adjusting for the effect of the stimulus package，the post-reform profitability of SOEs does not seem improve，consistent with the main findings in the literature；（2）After adjusting for the negative effect of the stimulus package on firm profitability, the post-reform profitability improves significantly for listed SOEs;(3) profitability improvements are associated with reduced agency problems.

Keywords: Split-share Structure Reform; the stimulus package; profitability.

当代会计评论　　Contemporary Accounting Review
第12卷第4辑　　Vol.12 No.4
2019年　　2019

分析式会计研究50年：回顾、框架与展望*

晏超
（中南财经政法大学会计学院，湖北 武汉 430073）

【摘要】 与传统的规范（normative）研究不同，分析式研究方法主要通过构建抽象化的理论模型，分析得出有关命题、定理及推论等，它是西方会计学界的主流研究方法之一，至今已有 50 年。分析式会计研究是构建会计理论体系的支柱，也是会计学发展科学化的关键。但是，与实证会计研究在中国的飞速发展相比，分析式会计研究在中国的普及程度还比较低。基于此，本文尝试对分析式会计研究进行介绍，以期引起国内学者的关注和讨论，推动分析式会计研究在中国的发展。本文首先简要回顾分析式会计研究的发展历史；其次，阐释分析式会计研究的基本概念、结构与作用；再次，梳理分析式会计研究几个主要分支的框架与发展脉络；最后，展望分析式会计研究的未来，并对在中国发展分析式会计研究提出一些建议。

【关键词】 分析式研究　会计研究　会计理论　研究方法

一、引　言

20世纪60年代末至70年代初，会计研究在方法和范式上发生了革命性的变化。Ball和Brown（1968）、Feltham和Demski（1970）分别开创了实证会计研究和分析式会计研究[①]的先河，这两种研究方法在此后成为西方会计研究的两种主流方法。然而，与经济学、金融学相比，会计学的发展存在明显的理论研究弱于实证（positive）研究的现象。

---

* 晏超，讲师，E-mail：yanchao420@163.com。本文受到国家自然科学基金青年项目“中国上市公司 PPP 寻租行为研究：动机与经济后果”（71902187）和中央高校基本科研业务费项目“科创板开通与股票市场资本配置——基于公司创新的视角”（2722020JCG053）的资助。本文受益于作者为中南财经政法大学会计学院研究生讲授的研究方法课程，作者感谢课堂学生的有益评论，以及匿名评审专家和编辑部的宝贵意见，当然文责自负。

① 在国内，分析式（analytical）研究有时也被译为分析性研究，通常指理论研究。

为此，一些会计学者开始反思并倡导发展分析式会计研究，以增强会计学的科学性和其应有的学术地位。Chen和Schipper（2016）指出，会计理论研究与实证研究的失衡，不利于会计学科的健康发展，导致会计越来越成为关于信念（beliefs）的学科，而不是关于科学发现（scientific discovery）的学科。Bertomeu等（2016）在分析准自然实验研究方法缺陷的同时，强调了理论在因果推断中的重要性，大力提倡分析式会计研究，以增强因果推断的可靠性。

实证会计研究自20世纪90年代被引入中国以来，得到飞速的发展和较高程度的普及，与之形成鲜明对比的是，国内学者对分析式会计研究的关注还比较匮乏。中国会计学界曾对规范研究与实证研究的关系和选择问题进行过充分的讨论，现已基本一致认为，两者相辅相成、缺一不可。但是，国内的现实情况是规范研究越来越少，中国本土的分析式会计研究成果更是凤毛麟角。针对国内实证会计研究的繁荣景象，一些学者产生了一些担忧，并在不同方面提出了一些倡议。杨雄胜（2012）指出，中国简单强调在西方英文期刊发表论文的做法值得反思，中国会计理论研究应有历史使命感，而非沉浸在“自娱自乐”的状态之中。陈冬华和李真（2015）亦倡议中国会计学者应回归乡土经验，建设属于自己的学术城邦。夏立军和王珊（2018）回顾了二十余年来中国会计研究国际化的进程，认为虽然中国学者在国际顶尖会计期刊发表论文的数量显著提升，但呈现本土特征下降、学术影响力缺失的“南辕北辙”局面，并倡议改革学术评价制度的导向。

然而，推动在中国发展分析式会计研究的力量仍然比较薄弱，虽然也曾存在一些呼吁发展分析式会计研究的声音（Liang 2010），但取得的成效不够明显。笔者认为，与传统的规范研究不同，分析式研究方法通过构建抽象化的理论模型，有助于理解会计的本质，包括会计信息是如何被运用、做会计的实质原因及如何做会计；有助于人们更好地理解个体、企业及市场的经济行为方式，识别有关变量之间的内在传导机制原理，进而建立起更为可靠的因果关系；有助于构建会计学的核心理论体系，促进会计学的科学化发展。在当前实证会计研究趋于饱和的背景下，亟须分析式会计研究将众多碎片式的实证研究发现通过会计基本理论串联起来，从而重新平衡理论与实证的协调发展，并通过理论研究指引实证研究的方向，进而推动会计学的发展。为此，本文在分析式会计研究已有50年之际，尝试对该研究方法和研究主题进行一定的回顾与梳理，以期引起国内学者的关注和讨论。

二、分析式会计研究的历史回顾

在以欧美为代表的西方会计学界，分析式会计研究和实证会计研究一起，逐渐成为两种主要的研究方法。分析式会计研究对于西方会计理论的发展起到了举足轻重的作用，其在中国的发展却举步维艰。下面将结合有关代表性论著及人物分别进行回顾。

（一）在西方——举足轻重

众所周知，Ball和Brown于1968年发表了第一篇实证会计奠基性论文“An empirical evaluation of accounting income numbers”，此后不久，当时同在斯坦福大学任教的Feltham和Demski教授于1970年在美国著名会计学术刊物*The Accounting Review*上发表了第一篇严谨的分析式会计论文“The use of models in information evaluation”[①]（洪剑峭和李志文2004）。此后，分析式会计研究在美国会计研究中占据了重要的位置。

作为分析式会计研究的先驱，Demski和Feltham教授[②]的贡献是开拓性的。除了公开发表论文探索并丰富会计理论外，为了推动分析式会计研究的普及，他们还分别编写了多部影响力较高的会计理论著作。Demski教授最早于1994年出版了*Managerial Uses of Accounting Information*一书，并于2008年再版，该书主要阐述了会计信息在组织内部管理过程中的作用。2002年，Demski教授和其学生John A. Christensen又出版了*Accounting Theory: An Information Content Perspective*一书，程小可等于2005年将该书翻译成中文，该书以比较通俗的方式阐述了分析式会计研究结论对会计理论的重要影响，并通过引入许多具体实例来呈现其中的观点，从而降低了对读者在数学建模方面的能力要求。同时，Feltham教授也和他的学生Peter O. Christensen创作了学术性更强、更加系统的一本分析式会计研究著作——*Economics of Accounting*，该书分为两卷，分别于2002年和2005年出版，上卷主要介绍会计信息在资本市场和产品市场中的作用，下卷主要阐述会计信息在管理层业绩评价与激励方面的作用，该书出版后，逐渐成为分析式会计研究领域影响力最高、最成功的著作之一。这些著作有力地推动了分析式会计研究的普及和发展。

在分析式会计研究领域也相继出现了一批有影响力的研究成果和代表性人物。其中，最成功的研究当属剩余收益估值模型。Ohlson（1995）、Feltham和Ohlson（1995）首次建立了会计信息估值有用性的正式理论模型，此后，大量的后续研究对其进行了拓展和实证检验（Ohlson and Zhang 1998，Feltham and Ohlson 1999，Myers 1999，Dechow et al. 1999，Zhang 2000，Clubb 2013）。其他领域的代表性研究还包括但不限于：①关于信息披露与财务报告的基本理论研究（Jovanovic 1982，Dye 1985，Verrecchia 2001，Darrough and Stoughton 1990，Darrough 1993，Beyer et al. 2010，Dye 2017）；②基于资本市场资产定价的会计理论研究（Lambert et al. 2007，Gao 2010，Bertomeu and Cheynel 2016）；③基于契约理论的会计理论研究，尤其是关于业绩评价与激励问题的研究（Lambert 2001，Dutta 2008，Glover 2012，Baldenius et al. 2015）；④基于盈余管理及其他信息质量特征的会计理论研究（Arya et al. 1998，Liang 2004，Ronen and Yaari 2008，Gigler et al. 2009）；⑤基于企业真实效应的会计理论研究（Kanodia 2006，Kanodia and Sapra 2016，Dutta and

---

① 虽然此前一些会计理论论文就已发表，但从篇幅、规范性及影响力来看，这一篇最具代表性。

② Demski 教授曾担任美国会计学会会长，并于 2000 年入选美国会计名人堂（Accounting Hall of Fame）；Feltham 教授同样是会计界最杰出的学者之一，并于 2004 年入选美国会计名人堂。

Nezlobin 2017a）①。

特别地，自2006年起定期出版的会计系列专著*Foundations and Trends® in Accounting*汇编了多部分析式会计研究知名学者的研究成果，其中大部分为某一专题的研究综述，这些研究成果在学术界产生了一定的影响，对推动会计理论研究的发展发挥了重要作用。此外，在北美还存在一些优质且精致的分析式会计研究学术交流平台，如每年在美国会计学会年会前一天举办的青年会计理论会议（Junior Accounting Theory Conference），以及以该会议参与者为基础发展壮大起来的会计与经济学会（Accounting and Economics Society）②，另外还有每年在卡耐基梅隆大学举办的小型会计理论研讨会（Accounting Mini Conference）、每两年举办一届的芝加哥–明尼苏达会计理论研讨会（Chicago-Minnesota Theory Conference）等。

分析式会计研究在西方学界无疑成为主流的研究方法之一，它对推动会计理论发展起到了举足轻重的作用。但是，与其他学科相比，会计学的理论研究仍然较为薄弱，甚至在现代会计研究一开始时，主要还是实证研究起引领作用。会计理论研究“先天不足”的现象，甚至被认为是会计学科缺乏内核、学科地位较低的主要原因之一（Demski 2007）。以财务金融研究作为对比，其学科发展在一开始时便以理论研究作为支撑，如资本结构理论、投资组合理论、资本资产定价理论等，而后的诸多实证研究亦建立在理论研究的基础上。张先治等（2016a，2016b）对近年来国际期刊的统计分析表明，分析式研究方法在会计、财务金融领域的应用比例分别为7.50%和19.63%。可见，在当前“实证主义”的浪潮下，会计理论研究仍有待提高。为此，一些会计学者也进行了反思，并主张重新平衡理论研究与实证研究的协调发展，提倡用理论弥补现代实证研究方法在因果推断中的缺陷（Chen and Schipper 2016，Bertomeu et al. 2016）。

（二）在中国——举步维艰

分析式会计研究是当代会计研究的前沿领域之一，但在中国还处于起步状态（程小可2010），甚至国内的经济、金融、会计学术研究，均普遍缺少分析式会计研究（佩因曼等2013）。即便如此，仍有一部分珍贵的研究成果，以及呼吁开展分析式会计研究的声音。

洪剑峭和李志文教授于2004年出版的《会计学理论——信息经济学的革命性突破》一书是中国（不含港澳台地区）第一本分析式会计研究著作，该书整理了近30年分析式会计研究的主要成果，将其归纳为5个专题，首次较系统地介绍和总结了信息经济学理论在会计理论研究方面的应用。但是，该书偏重于企业内部管理视角，对于资本市场方面的论述内容较少。程小可等于2005年翻译出版了Christensen和Demski（2002）的代表性著作——《信息含量观中的会计理论》，介绍了分析式会计研究对会计理论的影响及其基本思想。此后，程小可还对估值理论进行了探索研究，并于2010年出版《基于会计信息

① 此处仅简单列示少部分代表性研究或综述，本文第四部分还将进一步梳理。杨百翰大学的会计学者建立了关于不同研究方法和研究领域的学者、研究机构、论文引用率的排名数据库，有兴趣的读者可以访问其网站（http://www.byuaccounting.net/rankings/），查看更详细的分析式会计研究代表性人物及其研究成果。

② 该学会旨在推动会计理论研究的发展及其在实证研究中的应用，吸收更广泛的学者参与其举办的系列学术活动，学会网站：https://www.accountingtheory.org。

的权益定价研究：线性信息动态过程下的分析》一书，考察了会计信息对经典估值理论的影响，将剩余估值模型拓展至一般情景，并结合有关中国制度背景考察了估值模型的均衡解等问题。特别地，任教于中国香港地区的张国昌教授则是分析式会计研究领域的代表性学者之一，其提出的基于实物期权的估值理论产生了较大的影响，并在2014年出版*Accounting Information and Equity Valuation*：*Theory*，*Evidence*，*and Applications*一书，系统总结了有关研究成果。

中国会计期刊发表的分析式会计研究还较为稀少。《中国会计评论》在期刊宗旨及定位中明确说明“本刊大力提倡国际主流的经验式研究和分析式研究”，Liang和Zhang（2008）[①]更是将一篇主题报告改编成论文发表于该期刊，倡导信息经济学在会计研究中的应用。但是，该期刊自成立以来似乎还没有发表过正式的分析式会计研究论文。Liang（2010）还专门为*China Journal of Accounting Research*杂志写了一篇文章，介绍了分析式会计研究的重要性和趣味性，并鼓励年轻学者从事会计理论研究。作为国内会计领域的权威期刊，《会计研究》在过去发表的分析式会计研究论文亦寥寥无几，程小可等（2008）、许静静和吕长江（2013）的论文是其中为数不多的代表性成果，两篇论文分别关注了基于会计信息的权益估值、会计信息估值作用与激励作用的关系，但是，其与西方分析式会计研究论文在范式上仍存在一定的差别。

据笔者所知，中国（不含港澳台地区）本土培养的博士已有多人在国际顶级会计期刊发表了实证研究论文，这至少说明国内部分高校的实证研究水平已与国际接近，但是，至今尚无中国（不含港澳台地区）本土培养的博士在国际顶级期刊发表分析式会计研究论文。佩因曼等（2013）在编译美国著名会计学者Penman教授所著的《财务报表分析与证券定价》一书时指出：跳过具有学术支撑力度的分析式理论基础研究，直接模仿欧美学术界比较普遍使用的实证模型，显得缺少严谨的思路逻辑，理论根基的支持力不足；在短时期内，中国实证会计研究这座“楼房”的地基不够坚实，研究过程和结果还难以令人信服，研究的有用性还不是很明显，而这种状况的逐渐改变，有赖于理论研究质量的提高及市场经济制度环境的改良。

三、分析式会计研究的结构与特点及重要作用

本部分在阐述分析式研究方法基本概念的基础上，介绍分析式会计研究的结构与特点，并说明分析式会计研究对于会计理论体系构建的支撑作用。

（一）分析式研究方法的基本概念

分析式研究是一种研究方法，它紧密结合经济学理论，主要通过构建抽象化的理论

① 该文作者是两名海外著名华人会计学者——卡耐基梅隆大学的梁景宏教授和加利福尼亚大学伯克利分校的张晓军教授，他们在分析式会计研究领域均取得了较为丰硕的研究成果。

模型，经由严格的数理逻辑推演，分析得出有关命题、定理及推论等。根据杨雄胜等（2008）对研究方法的界定，分析式研究包括内部逻辑、数学模式和哲理论证三部分：内部逻辑和哲理论证是通过逻辑推理而得出推论的方法，它关注逻辑推理的可靠性和完备性；数学模式是利用逻辑形式来研究数量、结构及模型，是通过推导的方式来获得研究结论的。分析式研究通常被理解为纯理论研究，即狭义上的理论研究，由于它比较注重理论模型的构建与分析，有时也被称为理论模型研究。一个理论模型至少应包括研究主体、交互作用法则、理论边界、系统状态和定理五个要素（Dubin 1978）。将分析式研究方法应用于会计领域就是分析式会计研究，即狭义上的会计理论研究，其目标是建立会计理论。会计理论是用来阐明或者解释某些会计现象集的一致性描述或一套原理，它提供了对某一类现象进行思考的逻辑结构（Christensen and Demski 2002）。

分析式研究是规范研究还是实证研究？或许，很多人会将其归为规范研究。然而，根据笔者的观察，在西方学界，分析式（analytical）研究是与经验（empirical）研究相并列的概念，或者换一种表达则是理论（theory）和证据（evidence），前者主要是基于理论模型的逻辑推理，后者则是对历史、实验及调查等途径获得数据的分析。而规范研究与实证研究是基于是否涉及价值判断而对研究范式的一种区分，如图1所示。一般认为，规范研究涉及价值判断，主要回答"应该怎么样"的问题；而实证研究不涉及价值判断，主要回答"是什么"的问题。因此，从这个角度来看，分析式研究既可能是规范研究，也可能是实证研究。以会计领域为例，多数分析式会计研究属于规范研究，如关于是否及如何制定会计准则的理论研究（Chen et al. 2017）；少数分析式会计研究属于实证研究，如单纯为了解释会计信息如何影响资本成本的理论研究（Lambert et al. 2007）。但是，在学界交流过程中，众多学者习惯将"经验研究"混同于"实证研究"。

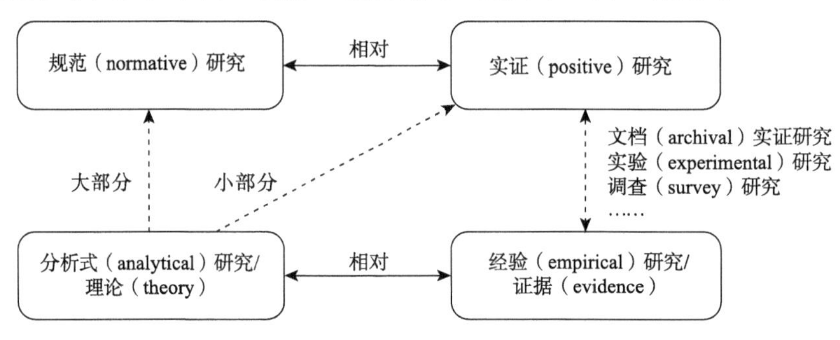

图1 研究方法表述关系图

（二）分析式会计研究的结构与特点

分析式会计研究经过不断发展，已形成其特有的研究范式和结构。其主要特点是基于一定的假设，构建基本模型，然后对模型进行推演和分析，进而得出主要命题、定理及结论等，为相关政策制定和实证研究奠定理论基础。从结构上看，现在的分析式会计研究论文也具有"八股"式的特点，一般包括以下几部分内容：①引言——主要对论文的研究背景与动机、研究过程与研究发现、研究贡献与价值等做简要的介绍；②文献回顾——对相关文献进行梳理，并说明论文在文献方面的定位与边际贡献，这一部分也可放在"引言"

部分；③模型设定——基于一些假设或假定，对会计与经济活动进行抽象化，建立基本的模型；④均衡求解——以基本模型为基础，根据行为主体的目标，求解稳定的均衡状态，通常为市场交易均衡或博弈均衡；⑤模型分析——基于均衡解，分析模型中的一些关键因素，进而得出有关命题、定理及推论等核心内容，如有必要，还可放松假设条件进行拓展性分析；⑥政策及实证启示——主要是阐释理论模型对实践及实证研究的应用价值；⑦总结与讨论——对论文进行总结，并对研究局限性及未来研究进行讨论等；⑧参考文献；⑨附录—— 一般是对正文中的命题、定理及推论等内容进行详细的证明。

分析式会计研究的主要优点是可以把现实中的许多问题做限定性假设，即不考虑其他干扰因素的影响，集中分析研究某些因素的影响，而不用像实证研究那样对干扰因素进行复杂的处理。不过，也有学者质疑分析式会计研究的诸多假定过于理想化，与现实世界并不十分吻合，这实际上是对这一研究方法的过度要求。分析式会计研究本身就是对现实世界进行抽象的，其在合理假定范围内，构建理论模型进行分析，提供的是一种基准认知，促进人们对会计与经济现象的理解，如著名的MM定理（由Modigliani和Miller提出，别称莫迪利亚尼-米勒定理）、Ohlson估值模型等，虽然它们与现实状况可能有所出入，但这并不妨碍分析式会计研究在理论构建与发展过程中的支撑作用。当然，这也并不是说分析式会计研究要脱离现实。相反，成功的理论研究均来自对现实世界的敏锐观察，并且理论模型要简单明了，才会得到更广泛的关注（Ohlson 2011，Christensen 2011）。

（三）分析式会计研究的重要作用

第一，分析式会计研究通过构建抽象化的理论模型，有助于人们理解会计的本质及作用。为何人们希望认识会计的本质？Christensen和Demski（2002）认为，会计并不是为了计量而计量。会计系统是在各种制度的规范下运行的，在运行过程中消耗了大量资源，并会影响有关群体的利益。无论是具体的会计确认、计量和报告，还是对某一组织会计系统的整体管理及动态调整，都需要进行专业判断。为了有效、合理地执行这些专业判断，对会计本质及其作用的理解就至关重要。这就必然要求对现实情况进行适当的抽象与概括，从而认识其内在本质与逻辑，这即分析式会计研究的主要功能。通过分析式会计研究，人们能更好地理解会计信息是如何（或可能）被运用、做会计的实质原因及如何做会计。

第二，分析式会计研究有助于人们更好地理解个体、企业及市场的经济行为方式，识别有关变量之间的内在传导机制原理，进而建立起更为可靠的因果关系。会计通过传递信息，协调个体、企业及市场之间的关系。对会计信息生成和利用的过程进行抽象化理论建模，有助于进一步加深对个体、企业及市场的经济行为方式的认知。基于历史数据的实证研究通常难以确定有关变量之间的因果关系，即便通过一些最新的研究方法（如双重差分模型、自然实验研究、断点回归模型等）能够建立起更为可靠的因果联系，许多时候我们依然不知道从自变量到因变量的内在传导机制原理（叶康涛 2017）。这不仅降低了实证研究的可靠性，也降低了其相关性。机理的研究是科学研究的核心精髓，也是最重要的科学问题（魏明海 2018）。当前，大多数实证研究中的理论分析部分不够透彻，单纯的文字叙述表达难以刻画生动的经济行为，而分析式会计研究可以让人们真正了解事物的具体运行过程与机理。Balakrishnan和Penno（2014）强调了分析式会计研究及数值实验在因果推断中的重要作用。Bertomeu等（2016）认为，坚实的理论研究可以增强因果推断的可靠性。

第三，分析式会计研究有助于构建会计学的核心理论体系，促进会计学的科学化发展。当前，很多会计研究致力于“讲故事”，使得人们更加“相信”其研究结果，而不是聚焦于建立在基础理论上的实践检验，这不是一个学科发展的科学化范式。分析式会计研究的目标和职责是构建会计理论，并且构建的会计理论应具有简洁提炼（parsimonious compression）的特点（Christensen and Demski 2002）。某一学科的理论根基往往建立在抽象化的理论模型的基础上，如金融学中的资本资产定价模型（captial asset pricing model，CAPM）和Black-Scholes期权定价模型，以及物理学中牛顿提出的万有引力定律（$F=Gm_1m_2/r^2$）和爱因斯坦提出的质能方程（$E=mc^2$），它们无一不是各自学科的核心经典，其反映的社会规律或自然规律经受了诸多的实践检验，根深蒂固地植入人们的知识体系。但是，在会计学中，除了Ohlson估值模型外，这种类似的经典理论模型还不多，想要促进会计学更加科学化地发展，我们有必要继续探索关于会计的基本理论。

四、分析式会计研究的主题框架与发展脉络

本部分梳理的分析式会计研究分支主要包括：关于信息披露与财务报告的基本理论研究、基于估值和定价的会计理论研究、基于契约和激励的会计理论研究、盈余管理及会计信息质量特征会计理论研究、基于真实效应的会计理论研究①，如图2所示。

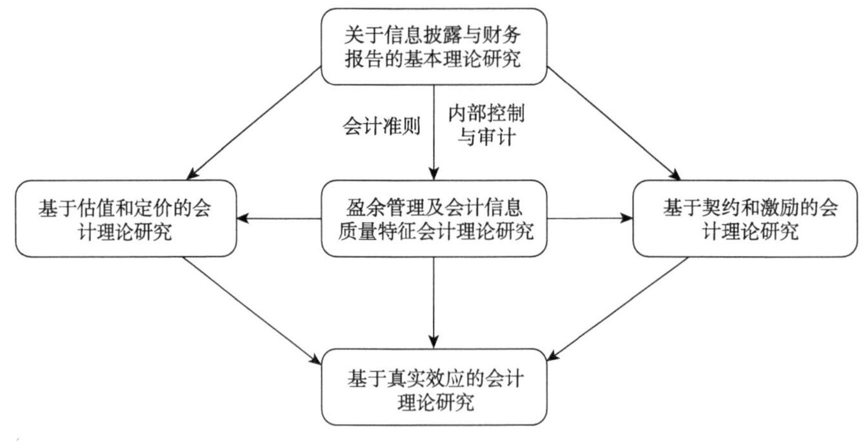

图2 分析式会计研究主题框架

① 需要说明的是，对会计理论研究进行归类难免存在一定偏差，甚至漏掉某些研究领域。本文关注更多的是财务会计理论研究，而未对审计、管理会计等领域的理论研究进行系统梳理。另外，本部分仅梳理会计理论中主要的研究框架和发展脉络，而对诸多理论文献难以做到深入分析。

（一）关于信息披露与财务报告的基本理论研究

信息披露与财务报告是会计理论研究中最传统的话题。Verrecchia（2001）总结了早期的信息披露理论研究，将其归纳为三个方面：①关联基础的信息披露研究，即假定企业信息披露为外生，考察其对反映投资者行为的股票价格和交易量的影响；②裁量基础的信息披露研究，即企业管理者根据其掌握的已知信息，如何做出最优的信息披露决策；③效率基础的信息披露研究，即在事前不存在先验信息的情况下，如何进行高效的信息披露安排。Beyer等（2010）综述了资本市场背景下影响企业信息环境的有关研究，具体分为管理者自愿性信息披露决策、强制性信息披露决策、分析师的信息报告决策等三个方面，他们认为，相关理论研究在过去取得了不错的进展，并倡议在未来关注以上三个方面的交叉研究。

Dye（2017）回顾了财务报告与信息披露理论研究的主要发展脉络，从总的趋势看，其经历了由聚焦财务报告管制到关注自愿性信息披露的转变。早期的传统观点认为，会计信息作为一种公共物品，具有供给不足的特点，故对其进行管制并增加信息披露可以提高社会福利。但是，这些认知主要是人们规范性讨论的结果，并没有经过严密的科学论证。伴随着信息经济学的发展（Akerlof 1970，Hirshleifer 1971），以及Demski于20世纪70年代发表的一系列论文，会计研究的范式逐渐由规范性讨论转变为科学的理论研究，并为信息披露管制及会计准则制定提供了理论支撑。后来，以Grossman（1981）、Milgrom（1981）为代表的理论研究又提出了著名的“完全披露”假说，认为企业在一定条件下会自愿地披露所有私有信息。同时，也有理论研究对该假说进行了质疑，反驳的主要理由是信息不确定性（Dye 1985，Jung and Kwon 1988）和隐私成本（Jovanovic 1982，Verrecchia 1983，Dye 1986，Darrough and Stoughton 1990）等因素的存在。此后，在不断放松“完全披露”假说前提条件的基础上，信息披露理论研究得到了良好的发展，尤其是自愿性信息披露理论研究。

总的来说，作为会计理论研究的基础，关于信息披露与财务报告的基本理论研究虽然取得了一定进展，但主要还是在信息经济学发展背景下的延伸。近20年来，信息经济学在理论方面的重大突破不多，关于信息披露的基本理论研究数量亦开始减少，会计理论研究逐渐开始更多地关注会计具体主题的研究。值得注意的是，Kamenica和Gentzkow（2011）提出了贝叶斯劝说理论，发现信息提供者可以通过选择信息呈报的方式劝说信息接收者改变其行为，该研究成为近10余年来影响力最高的信息经济学理论文献之一，值得会计领域的学者关注，有会计学者已经开始将相关理论应用到会计领域（Michaeli 2017）。

（二）基于估值和定价的会计理论研究

估值作用是会计信息的基本功能之一。现代财务会计主要面向资本市场，向投资者提供关于企业价值的信息。然而，自Ball和Brown（1968）以来，大量的会计研究都是基于资本市场数据实证分析会计信息与股票价格之间的关系，这些实证研究虽然推动了会计研究的快速发展，但是它们没有一致的会计理论作为支撑，因其“机械统计”特征而受到批评。Ohlson（1995）、Feltham和Ohlson（1995）基于净剩余关系、线性动态假设和剩余收益概念，最早建立了会计信息估值有用性的正式理论模型，认为权益市场价值主要由权益资产账面价值和剩余收益决定，这也成为早期影响力最高的分析式会计研究。此后，大量的后续研究对其进行了拓展，其中，具有代表性的研究如下：基于应计制会计的权益估值模型（Ohlson and Zhang 1998）、对风险进行调整的权益估值模型（Feltham and Ohlson 1999，Christensen and Feltham 2009）、基于实物期权的估值模型（Zhang 2000）、基于剩余收益的业绩评价模型（O'Hanlon and Peasnell 2002）、考虑股利信号的剩余收益估值模型（Clubb 2013）等。同时，许多研究对剩余收益相关模型进行了实证检验（Myers 1999，Dechow et al. 1999，Ohlson 2001，Callen and Segal 2005），有力地推动了会计信息价值相关性的研究。

在估值理论发展的同时，基于资产定价的会计理论研究逐渐增加。资产定价是金融学的基础理论，基于资产定价的会计理论主要研究会计信息影响资本市场参与者及股票价格的具体机制。其中，以信息披露或会计信息质量对资本成本（即预期投资回报）的影响研究最具代表性，因为资本成本是一系列复杂现象的综合反映（Bertomeu and Cheynel 2016）①。早期的经济学和金融学理论研究关注了一般性信息披露对资产定价或资本成本的影响（Diamond and Verrecchia 1991，Easley and O'Hara 2004）。Lambert等（2007）通过对CAPM的重构，较早建立了会计信息质量与资本成本在理论上的联系，提供了一种更直接的分析思路，阐释了会计信息质量影响股票回报的具体机理。同时，在该领域还产生了一些其他重要的理论研究成果，如披露质量对资本成本和投资者福利的影响差异（Gao 2010，Dutta and Nezlobin 2017b）、考虑信息不对称及代理问题时信息披露对资本成本的影响（Hughes et al. 2007，Bertomeu 2015）、基于事前视角的信息披露对资本成本的影响（Christensen et al. 2010）、信息披露的内容及其风险对资本成本的影响（Johnstone 2016，Heinle and Smith 2017，Heinle et al. 2018）、自愿性信息披露对资本成本的影响（Cheynel 2013）等。

基于估值和定价的会计理论研究取得了较为丰富的成果，为基于资本市场的实证会计研究提供了一定的理论基础，但仍有一定的发展空间。已有研究主要聚焦权益账面价值和会计盈余对企业价值的影响机制，或将会计信息抽象成一种简单的信息进行研究，如盈利性或现金流，缺乏对其他会计信息或某些具体会计信息的理论解读。实证研究中发现的许多影响企业价值的信息仍未在理论上找到依据，如财务报表中的综合收益信息、资产与负债结构信息，以及未能在财务报表反映的风险信息、人力资本信息、企业战略与组织效率等信息。这些表内和表外信息、强制性披露和自愿性披露信息在未来值得进一步研究。

（三）基于契约和激励的会计理论研究

契约作用是会计信息的另外一个基本功能。经济学中契约理论逐渐被应用到会计领

① 一般情况下，资本成本=（期末股价+现金股利–期初股价）/期初股价，因此，资本成本可以看作基于股票价格（price）的回报（return）形式表达。

域，形成了以代理理论为核心的会计理论研究。Lambert（2001）对有关早期研究进行了系统总结，认为以代理理论为核心的会计理论研究主要涉及两个基本问题：一是会计信息及报酬契约设计如何影响激励问题；二是激励问题的存在如何影响会计信息及报酬契约设计。根据基本模型设定，相关研究主要分为以下几类（Christensen and Feltham 2005）：①基于静态、单一代理人模型的业绩计量与激励问题研究；②考虑私有信息时基于静态、单一代理人模型的业绩计量与激励问题研究；③基于动态、单一代理人模型的业绩计量与激励问题研究（Dutta 2008）；④基于静态、多个代理人模型的业绩计量与激励问题研究（Glover 2012）。同时，这一领域的研究还包括：会计信息的估值作用与契约作用比较研究（Gjesdal 1981，Drymiotes and Hemmer 2013）、转移定价（Anctil and Dutta 1999）等企业内部资本配置问题研究、债务契约激励（Gigler et al. 2009）等。此外，以代理理论为基础的会计研究不断发展，较新的热点研究问题还涉及基于关系契约的主观业绩评价研究（Baldenius et al. 2015）、基于实物期权的业绩评价研究（Livdan and Nezlobin 2017）等。

在基于契约和激励的会计理论研究方面，同样取得了较多的研究成果，但是，它们更多地演化自经济学或金融学理论，会计的特色与核心问题不够突出。例如，相关研究在探讨会计信息在经理人薪酬契约中的作用时，往往将会计信息高度抽象为一个业绩指标，而对这个指标具体的确认与计量问题鲜有涉及。会计的首要职责就是对交易或事项进行确认和计量，并运用特有的汇总方法报告其经营业绩，但是，人们对哪些会计指标能够更好地计量经营业绩并不清楚，实践中仍使用净利润、资产收益率（return on assets，ROA）、剩余收益或经济增加值（economic value added，EVA）、销售增长率等多种会计指标，交易事项或经营业绩计量本身值得深入研究。

（四）盈余管理及会计信息质量特征会计理论研究

盈余管理常被视为反映会计信息可靠性的重要特征，在会计理论研究中受到重点关注。根据Ronen和Yaari（2008）的归纳，盈余管理理论研究大体上可以分为：①基于资本市场的盈余管理研究，包括投资者、证券分析师等对盈余管理的行为反应；②基于企业治理的盈余管理研究，主要是代理理论框架下的研究；③基于产品或要素市场的盈余管理研究；④基于外部制度监管的盈余管理研究，主要是会计准则的影响。盈余管理理论研究同样滞后于实证研究，但其有助于人们更好地理解盈余管理的本质及各方的博弈机制。此外，还有关于其他会计信息质量特征的研究，如相关性与可靠性的权衡（Zhang 2012）、稳健性（Gigler et al. 2009）、可比性（Fang et al. 2016）、信息汇总程度（Ebert et al. 2017）等。

作为具有强制性的统一制度规范，会计准则对会计信息质量具有系统性影响，并进一步影响会计信息的估值与契约功能，同时，对各方的利益冲突进行协调。代表性的会计准则理论研究包括会计准则强制实施的必要性（Admati and Pfleiderer 2000）、会计准则弹性（原则导向与规则导向）的选择（Dye and Sridhar 2008）、会计准则制定过程中的游说现象（Friedman and Heinle 2016）、会计准则对资源配置和宏观经济发展的正面影响（Zhang 2013）、新会计准则实施对企业价值及股票流动性的影响（Gao et al. 2019）等。

随着国际财务报告准则（International Financial Reporting Standards，IFRS）在全球范围的推广，众多的会计准则实证研究关注了其经济后果，但在理论研究方面仍然比较匮乏。已有的会计准则理论研究主要还是停留在整体层面，与财务会计概念框架的联系不够紧密，也缺乏结合具体会计规范的探索，人们对设计一套什么样的会计准则，在理论上仍然没有明确的答案，这都有待进一步研究。

（五）基于真实效应的会计理论研究

会计信息不仅通过确认和计量反映实体活动，还通过估值与契约等功能影响实体活动，产生真实效应（real effects）。Kanodia（1980）较早在理论上关注了会计信息在影响企业经营决策方面的真实效应。此后，早期相关研究还探索了企业无形资产、套期工具会计计量的真实效应，以及更一般的会计计量精确度、中期业绩报告的真实效应（Kanodia 2006）。Kanodia和Sapra（2016）进一步梳理了这一领域的框架，并重点探讨了投资活动的计量如何影响企业投资效率、套期活动的计量和披露如何影响企业风险管理、金融资产的公允价值计量如何影响周期性经济波动等问题。除此之外，其他代表性的理论研究还包括：自愿性信息披露的真实效应（Beyer and Guttman 2012）、信息披露对企业创新投资的影响（Hughes and Pae 2014）、动态模型下信息披露对投资效率的影响（Dutta and Nezlobin 2017a）、会计信息如何与股票价格协同影响企业投资行为（Arya et al. 2017）、应计制会计对企业间资源配置及宏观经济的影响（Choi 2018）等。

五、对分析式会计研究的展望与建议

在社会科学领域，有学者认为，近30年"实证主义"对学界的危害不亚于"教条主义"，主要表现为，只相信归纳的作用，而排斥演绎的作用，排斥抽象概括、理论工具与概念化能力，甚至排斥问题意识（王学典 2013）。当然，对"实证主义"的批评并不能否认学科实证研究的作用。基于设计的实验主义实证研究方法、稳健的经济计量推断和基于经济学模型的结构性实证研究，实际上大大提高了实证经济学在近30年以来的可信度（刘延洁和赵洪春 2015）。但是，如果中国学界只信奉实证主义，恐怕难以对相关理论问题有深刻的理解，结果很容易使得中国学界处于世界学术产业链的末端，中国学者就会像蚂蚁一样收集材料、梳理事实，交给外国学者。这些材料和事实被加工成概念和模式，然后我们再将这些概念和模式引进来，却与中国的实际"凿枘不投"。为了摆脱这种不利的局面，除了运用科学实证研究方法关注中国本土的现实问题之外，还应提出并构建中国特色的理论体系。

当前，中国会计界亟须分析式会计研究，已有的西方会计理论，很多时候不能解释中国的经济现象，我们需要借助分析式研究方法，构建一套科学化、有特色的中国会计理论体系。杨雄胜等（2008）在对中国实证会计研究进行回顾时提出，规范的会计学术成果，尤其是会计学博士论文必须遵循“三段论”，即相应论文应该由三部分构成，分别是理论框架及分析、分析式研究和实证检验。然而，在现实中，大部分论文追求“短平快”，常见的做法是简单引用西方学界提出的代理理论和契约理论，缺乏使用分析式研究方法。反观芝加哥大学等世界著名学府，其在培养博士的过程中无一不注重基础理论的训练，基于理论的实证研究越来越受到重视。中国实证会计研究在经过飞速发展后，似乎进入一个停滞不前的瓶颈期，面对这一困境，我们有必要重新重视理论研究，发掘推动会计学发展的内在动力。

通过对分析式会计研究的回归与梳理，我们可以看到这一研究方法在过去50年取得的珍贵成果，以及存在的局限性和发展空间。放眼当前，笔者发现，越来越多的分析式会计研究学者开始在中国高校做学术报告并进行学术交流，香港大学已经开始每年举办一次会计理论研讨会推动其发展。展望未来，以下是笔者针对在中国发展分析式会计研究的几点建议。

第一，坚持理论研究与实证研究相结合，鼓励会计研究方法的多样性。理论是实证研究的基础，实证研究应该以检验理论为主要目标。只有理论研究和实证研究紧密结合、平衡发展，才能推动会计学的进步与科学化发展。任何学科的发展都不应囿于一元主义的封闭路径，而应该秉持基于多种理论、多种方法共同竞争的多元主义理念，经济学科尤其应如此（朱富强 2017）。为此，应在根源上抑制功利主义学风，改革实用主义学术制度，在重视分析式理论研究的同时，鼓励实验研究、调查研究、案例研究等多种实证方法。

第二，关注会计学的基础性问题，鼓励基于会计的跨学科研究。在实证研究单一化发展的状况下，越来越多的会计学者为了迎合已有的单一评价制度、寻找创新点，开始将选题游离于会计学专业之外，长此以往，不利于学术水平的提升和专业能力的增强，容易导致核心竞争力的缺失。会计学者理应重点关注会计学科以内的研究主题，着眼于自身和会计学科的长远发展，针对真实的问题，开展真正的研究，追求真正的贡献[①]。会计学与金融学、经济学和管理学等学科紧密相连，因此，应鼓励会计学与其他学科进行交叉研究，以推动会计学的突破性发展，但核心应该聚焦到会计问题上来。

第三，结合中国特殊的制度背景，构建具有中国本土特色的理论。中国的企业、市场、制度等与西方国家有很大的不同，已有关于代理问题、信息披露等的基础理论研究不一定能够解释中国的现实状况。因此，有必要借助分析式研究方法，结合中国特殊的制度背景，构建一套适合中国具体实践状况的理论（Chen and Schipper 2008），进而探索中国情景下会计行为的动因、后果及其机理。以下几个方面尤其值得关注：①政府所有权结构及政府干预对会计的影响。国有企业在中国经济运行中发挥着重要作用，Bova和Yang（2018）研究了市场竞争环境下国有企业的信息披露行为，Arya等（2019）分析了非营利动机对企业信息披露的影响，这对探索中国企业的会计行为及其影响具有一定的启发与借鉴意义。②企业股权集中度较高背景下大股东与中小股东的利益冲突问题。股

① 参见：戴德明教授寄语青年会计学者：内外结合 远近兼顾 问题导向 贡献至上. http://shuo.news.esnai.com/article/201609/141902.shtml，2016-09-10.

权集中是许多中国企业具有的特征，进而导致股东间的代理问题突出（Jiang and Kim 2020），并影响董事会安排、企业投融资及会计行为等方面，同时，这些方面反过来又影响股东利益。但是，目前相关文献主要为实证研究，除了极个别资产定价相关理论研究外（Albuquerue and Wang 2008），这方面的理论研究还非常匮乏。③社会文化与关系网络对会计的影响及会计在其中的作用。李增泉（2017）认为，针对根植于中国特色制度的关系型交易模式，中国未来会计研究的目标是提出一套概念框架和逻辑规则，解释和预测会计在关系型交易中的治理作用。为了实现这一目标，除了进行实证分析之外，通过分析式研究方法构建内在逻辑清晰的理论模型也同样重要。④弱式有效资本市场对会计的影响及会计对提升市场效率的作用。由于投资者构成及市场制度方面的不完备，中国资本市场的有效性与发达国家相比还较弱。将相关因素概念化，进而构建信息报告、传递及使用等相关理论模型，有助于更好地认识中国情景下会计信息的估值与契约功能。总之，如何结合中国特有的制度背景，将会计行为的动因、后果及机理进行抽象概括，进而建立一套适宜的理论体系值得探索。

第四，增强青年学者的理论素养，提高逻辑推理和抽象思维能力。中国在对会计学博士培养的过程中，还普遍缺乏对其进行理论解读与构建能力的训练，导致新一代的部分青年学者只懂研究“技术”，缺乏应有的逻辑推理和抽象思维能力，创新的学术思想更是鲜有出现。要改变这种状况，应在研究生教育阶段加强青年学者对理论课程的学习，特别是对会计学、财务学经典理论模型的解读与分析，引导青年学者转变思维，使其思维缜密且富有想象力。

林毅夫在《论经济学方法》一书的序言中曾总结了其学术研究的心得和秘诀：尝试根据对中国经济现象的观察，找出那些问题背后的决策者是谁，以及决策者所要达到的目标、所面临的约束条件及其特性等，然后以经济学最基本的理性原则为出发点来构建自己的理论模型；若干年下来，这些一个个单一的理论模型，竟然自成为一个前后逻辑自洽的发展和转型理论体系[①]，这个理论体系比西方通行的经济学理论更能有效地解释发生在中国各个经济领域的许多问题和现象，也能够更好地解释许多出现在其他发展中国家和转型中国家的问题。中国会计界又何尝不需要这样的会计理论研究呢？

参 考 文 献

陈冬华，李真. 2015. 乡土与城邦. 会计研究，（1）：4-14.

程小可. 2010. 基于会计信息的权益定价研究：线性信息动态过程下的分析. 北京：北京大学出版社.

程小可，卿小权，佟岩. 2008. 基于会计信息的权益估值研究：线性信息动态过程视野. 会计研究，（2）：23-30.

洪剑峭，李志文. 2004. 会计学理论：信息经济学的革命性突破. 北京：清华大学出版社.

① 这个理论体系以要素禀赋结构、政府发展战略、企业自生能力、产业技术结构内生性、金融结构内生性和政府干预内生性为主要内容。

克里斯滕森 J A，德姆斯基 J S. 2005. 信息含量观中的会计理论. 程小可，辛清泉，毛丽娟译. 北京：中国人民大学出版社.

李增泉. 2017. 关系型交易的会计治理——关于中国会计研究国际化的范式探析. 财经研究，(2)：4-33.

林毅夫. 2005. 论经济学方法. 北京：北京大学出版社.

刘延洁，赵洪春. 2015. 实证经济学近三十年进展之我见. 经济资料译丛，（2）：47-57.

佩因曼 S H，林小驰，王立彦. 2013. 财务报表分析与证券定价. 3 版. 北京：北京大学出版社.

王学典. 2013-12-20. 重学术轻思想是主流学风问题. 文汇读书周报.

魏明海. 2018. 会计研究的基本逻辑. 当代会计评论，11（2）：1-11.

夏立军，王珊. 2018. 南辕北辙，还是在路上?——中国会计研究国际化进程观察. 当代会计评论，11(4)：24-49.

许静静，吕长江. 2013. 会计信息估值作用与激励作用相互关系研究——基于模型的视角. 会计研究，（5）：11-18.

杨雄胜. 2012. 中国会计理论研究应有历史使命感. 会计研究，（2）：18-22.

杨雄胜，薛清梅，杨全文，等. 2008. 中国实证会计研究的回顾与思考. 会计研究，（7）：34-42.

叶康涛. 2017-06-30. 关于会计研究方法趋势的一点思考. https://mp.weixin.qq.com/s?__biz=MzU4NDU3ODUzNA==&mid=2247488804&idx=1&sn=6f4c2aec282ee7b86dc991455d808838&source=41#wechat_redirect.

张先治，晏超，孙枭飞，等. 2016a. 当代会计研究主题、方法及中国的国际化进展——基于国际会计期刊五年文章的统计分析. 当代会计评论，9（1）：1-19.

张先治，晏超，王兆楠. 2016b. 当代西方财务金融学研究的范畴与主题——基于国际财务金融期刊的文献研究. 财务研究，（1）：18-28.

朱富强. 2017. 从一元主义到多元主义:现代经济学学术态度的转向. 上海财经大学学报，（3）：95-108.

Admati A R，Pfleiderer P. 2000. Forcing firms to talk：financial disclosure regulation and externalities. Review of Financial Studies，13（3）：479-519.

Akerlof G A. 1970. The market for "Lemons"：quality uncertainty and the market mechanism. Quarterly Journal of Economics，84（3）：488-500.

Albuquerue R，Wang N. 2008. Agency conflicts，investment，and asset pricing. Journal of Finance，63（1）：1-40.

Anctil R M，Dutta S. 1999. Negotiated transfer pricing and divisional vs. firm-wide performance evaluation. Thc Accounting Review，74（1）：87-104.

Arya A，Glover J，Sunder S. 1998. Earnings management and the revelation principle. Review of Accounting Studies，3（1）：7-34.

Arya A，Mittendorf B，Ramanan R N V. 2017. Synergy between accounting disclosures and forward-looking information in stock prices. The Accounting Review，92（2）：1-17.

Arya A，Mittendorf B，Ramanan R N V. 2019. Beyond profits：the rise of dual-purpose organizations and its consequences for disclosure. The Accounting Review，94（1）：25-43.

Balakrishnan R，Penno M. 2014. Causality in the context of analytical models and numerical experiments. Accounting，Organizations and Society，39（7）：531-534.

Baldenius T，Glover J，Xue H. 2015. Relational contracts with and between agents. Journal of Accounting and Economics，61（2~3）：369-390.

Ball R，Brown P. 1968. An empirical evaluation of accounting income numbers. Journal of Accounting Research，6（2）：159-178.

Bertomeu J. 2015. Incentive contracts，market risk，and cost of capital. Contemporary Accounting Research，32（4）：1337-1352.

Bertomeu J，Beyer A，Taylor D J. 2016. From casual to causal inference in accounting research：the need for theoretical foundations. Foundations and Trends® in Accounting，10（2~4）：262-313.

Bertomeu J，Cheynel E. 2016. Disclosure and the cost of capital：a survey of the theoretical literature. Abacus，52（2）：221-258.

Beyer A，Cohen D A，Lys T Z，et al. 2010. The financial reporting environment：review of the recent literature. Journal of Accounting and Economics，50（2~3）：296-343.

Beyer A，Guttman I. 2012. Voluntary disclosure，manipulation，and real effects. Journal of Accounting Research，50（5）：1141-1177.

Bova F，Yang L. 2018. State-owned enterprises，competition，and disclosure. Contemporary Accounting Research，35（2）：596-621.

Callen J，Segal D. 2005. Empirical tests of the Feltham–Ohlson（1995）model. Review of Accounting Studies，10（4）：409-429.

Chen Q，Lewis T R，Schipper K，et al. 2017. Uniform versus discretionary regimes in reporting information with unverifiable precision and a coordination role. Journal of Accounting Research，55（1）：153-196.

Chen Q，Schipper K. 2008. Future directions for Chinese accounting research. China Journal of Accounting Research，1（1）：1-10.

Chen Q，Schipper K. 2016. Comments and observations regarding the relation between theory and empirical research in contemporary accounting research. Foundations and Trends® in Accounting，10（2~4）：314-360.

Cheynel E. 2013. A theory of voluntary disclosure and cost of capital. Review of Accounting Studies，18（4）：987-1020.

Christensen J A. 2011. Good analytical research. European Accounting Review，20（1）：41-51.

Christensen J A，Demski J S. 2002. Accounting Theory：An Information Content Perspective. Boston：McGraw Hill.

Christensen P O，de la Rosa L E，Feltham G A. 2010. Information and the cost of capital：an ex ante perspective. The Accounting Review，85（3）：817-848.

Christensen P O，Feltham G A. 2003. Economics of Accounting：Volume I-Information in Markets. New York：Springer.

Christensen P O，Feltham G A. 2005. Economics of Accounting：Volume II-Performance Evaluation. New York：Springer.

Christensen P O，Feltham G A. 2009. Equity valuation. Foundations and Trends® in Accounting，4（1）：1-112.

Choi J H. 2018-01-28. Accrual accounting and resource allocation：a general equilibrium analysis. https://papers.ssrn.com/sol3/papers.cfm?abstract_id=2977082.

Clubb C. 2013. Information dynamics，dividend displacement，conservatism，and earnings measurement：a development of the Ohlson（1995）valuation framework. Review of Accounting Studies，18（2）：360-385.

Darrough M N. 1993. Disclosure policy and competition：Cournot vs. Bertrand. The Accounting Review，68（3）：534-561.

Darrough M N，Stoughton N M. 1990. Financial disclosure policy in an entry game. Journal of Accounting and Economics，12（1~3）：219-243.

Dechow P M，Hutton A P，Sloan R G. 1999. An empirical assessment of the residual income valuation model. Journal of Accounting and Economics，26（1~3）：1-34.

Demski J S. 2007. Is accounting an academic discipline? Accounting Horizons，21（2）：153-157.

Demski J S. 2008. Managerial Uses of Accounting Information. 2nd. New York：Springer.

Diamond D W, Verrecchia R E. 1991. Disclosure, liquidity, and the cost of capital. Journal of Finance, 46（4）: 1325-1359.

Drymiotes G, Hemmer T. 2013. On the stewardship and valuation implications of accrual accounting systems. Journal of Accounting Research, 51（2）: 281-334.

Dubin R. 1978. Theory Building. 2nd. New York: Free Press.

Dutta S. 2008. Dynamic performance measurement. Foundations and Trends® in Accounting, 2（3）: 175-240.

Dutta S, Nezlobin A. 2017a. Dynamic effects of information disclosure on investment efficiency. Journal of Accounting Research, 55（2）: 329-369.

Dutta S, Nezlobin A. 2017b. Information disclosure, firm growth, and the cost of capital. Journal of Financial Economics, 123（2）: 415-431.

Dye R A. 1985. Disclosure of nonproprietary information. Journal of Accounting Research, 23（1）: 123-145.

Dye R A. 1986. Proprietary and nonproprietary disclosures. The Journal of Business, 59（2）: 331-366.

Dye R A. 2017. Some recent advances in the theory of financial reporting and disclosures. Accounting Horizons, 31（3）: 39-54.

Dye R A, Sridhar S S. 2008. A positive theory of flexibility in accounting standards. Journal of Accounting and Economics, 46（2~3）: 312-333.

Easley D, O'Hara M. 2004. Information and the cost of capital. Journal of Finance, 59（4）: 1553-1583.

Ebert M, Simons D, Stecher J D. 2017. The discretionary aggregation. The Accounting Review, 92（1）: 73-91.

Fang V W, Iselin M, Zhang G. 2016-10-25. Consistency as a means to comparability: theory and evidence. https://papers.ssrn.com/sol3/papers.cfm?abstract_id=2858301.

Feltham G A, Demski J S. 1970. The use of models in information evaluation. The Accounting Review, 45（4）: 623-640.

Feltham G A, Ohlson J A. 1995. Valuation and clean surplus accounting for operating and financial activities. Contemporary Accounting Research, 11（2）: 689-731.

Feltham G A, Ohlson J A. 1999. Residual earnings valuation with risk and stochastic interest rates. The Accounting Review, 74（2）: 165-183.

Friedman H L, Heinle M S. 2016. Lobbying and uniform disclosure regulation. Journal of Accounting Research, 54（3）: 863-893.

Gao P. 2010. Disclosure quality, cost of capital, and investor welfare. The Accounting Review, 85（1）: 1-29.

Gao P, Jiang X, Zhang G. 2019. Firm value and market liquidity around the adoption of common accounting standards. Journal of Accounting and Economics, 68（1）: 101220.

Gigler F, Kanodia C, Sapra H, et al. 2009. Accounting conservatism and the efficiency of debt contracts. Journal of Accounting Research, 47（3）: 767-797.

Glover J. 2012. Explicit and implicit incentives for multiple agents. Foundations and Trends® in Accounting, 7（1）: 1-71.

Gjesdal F. 1981. Accounting for stewardship. Journal of Accounting Research, 19（1）: 208-231.

Grossman S J. 1981. The informational role of warranties and private disclosure about product quality. Journal of Law & Economics, 24（3）: 461-483.

Heinle M S, Smith K C. 2017. A theory of risk disclosure. Review of Accounting Studies, 22（4）: 1459-1491.

Heinle M S, Smith K C, Verrecchia R E. 2018. Risk-factor disclosure and asset prices. The Accounting Review, 93（2）: 191-208.

Hirshleifer J. 1971. The private and social value of information and the reward to inventive activity. American Economic Review, 61（4）: 561-574.

Hughes J S，Liu J，Liu J. 2007. Information asymmetry，diversification，and cost of capital. The Accounting Review，82（3）：705-729.

Hughes J S，Pae S. 2014. Discretionary disclosure and efficiency of entrepreneurial investment. Contemporary Accounting Research，31（4）：982-1007.

Jiang F，Kim K. 2020-04-08. Corporate governance in China：a survey. https://papers.ssrn.com/sol3/papers.cfm?abstract_id=3571247.

Johnstone D. 2016. The effect of information on uncertainty and the cost of capital. Contemporary Accounting Research，33（2）：752-774.

Jovanovic B. 1982. Truthful disclosure of information. The Bell Journal of Economics，13（1）：36-44.

Jung W，Kwon Y K. 1988. Disclosure when the market is unsure of information endowment of managers. Journal of Accounting Research，26（1）：146-153.

Kamenica E，Gentzkow M. 2011. Bayesian persuasion. American Economic Review，101（6）：2590-2615.

Kanodia C. 1980. Effects of shareholder information on corporate decisions and capital market equilibrium. Econometrica，48（4）：923-953.

Kanodia C. 2006. Accounting disclosure and real effects. Foundations and Trends® in Accounting，1（3）：167-258.

Kanodia C，Sapra H. 2016. A real effects perspective to accounting measurement and disclosure：implications and insights for future research. Journal of Accounting Research，54（2）：623-676.

Lambert R A. 2001. Contracting theory and accounting. Journal of Accounting and Economics，32（1~3）：3-87.

Lambert R A，Leuz C，Verrecchia R E. 2007. Accounting information，disclosure，and the cost of capital. Journal of Accounting Research，45（2）：385-420.

Liang P J. 2004. Equilibrium earnings management，incentive contracts，and accounting standards. Contemporary Accounting Research，21（3）：685-718.

Liang P J. 2010. An invitation to theory. China Journal of Accounting Research，3（1）：1-12.

Liang P J，Zhang X. 2008. Information economics and accounting measurements：a blueprint for scholarly research. China Accounting Review，6（1）：109-118.

Livdan D，Nezlobin A. 2017. Accounting rules，equity valuation，and growth options. Review of Accounting Studies，22（3）：1122-1155.

Michaeli B. 2017. Divide and inform：rationing information to facilitate persuasion. The Accounting Review，92（5）：167-199.

Milgrom P R. 1981. Good news and bad news：representation theorems and applications. The Bell Journal of Economics，12（2）：380-391.

Myers J N. 1999. Implementing residual income valuation with linear information dynamics. The Accounting Review，74（1）：1-28.

Ohlson J A. 1995. Earnings，book values，and dividends in equity valuation. Contemporary Accounting Research，11（2）：661-687.

Ohlson J A. 2001. Earnings，book values，and dividends in equity valuation：an empirical perspective. Contemporary Accounting Research，18（1）：107-120.

Ohlson J A. 2011. On successful research. European Accounting Review，20（1）：7-26.

Ohlson J A，Zhang X. 1998. Accrual accounting and equity valuation. Journal of Accounting Research，36：85-111.

O'Hanlon J，Peasnell K. 2002. Residual income and value-creation：the missing link. Review of Accounting Studies，7（2）：229-245.

Ronen J，Yaari V. 2008. Earnings Management：Emerging Insights in Theory，Practice，and Research. New York：Springer.
Verrecchia R E. 1983. Discretionary disclosure. Journal of Accounting and Economics，5：179-194.
Verrecchia R E. 2001. Essays on disclosure. Journal of Accounting and Economics，32（1~3）：97-180.
Zhang G. 2000. Accounting information，capital investment decisions，and equity valuation：theory and empirical implications. Journal of Accounting Research，38（2）：271-296.
Zhang G. 2013. Accounting Standards，cost of capital，resource allocation，and welfare in a large economy. The Accounting Review，88（4）：1459-1488.
Zhang G. 2014. Accounting Information and Equity Valuation：Theory，Evidence，and Applications. New York：Springer.
Zhang X. 2012. Information relevance，reliability and disclosure. Review of Accounting Studies，17（1）：189-226.

Fifty Years of Analytical Accounting Research：History，Framework and Prospects

Chao Yan
School of Accounting，Zhongnan University of Economics and Law，Wuhan，Hubei，China 430073

Abstract：In contrast to traditional normative research，analytical research focuses on deriving relevant propositions，theorems，and corollaries，etc.，through building theoretical models that abstract from reality. Since analytical research was introduced to accounting research in western countries fifty years ago，it has become one of the main stream accounting research methods. Analytical accounting research is used to develop accounting theory and thus is the key to the scientific development of accounting discipline. However，analytical accounting research is still in its infant stage in China，as compared to the surge in empirical accounting research. This paper aims to introduce analytical accounting research to Chinese accounting scholars so that they can discuss and make use of the method to conduct research in China. The paper first reviews the history of analytical accounting research，and then discusses the basic concepts，structures and functions of analytical accounting research. In particular，the paper synthesizes several important branches of analytical accounting research，and makes suggestions for how to integrate them with the accounting research opportunities in China.

Keywords：analytical research；accounting research；accounting theory；research method.

当代会计评论 Contemporary Accounting Review
第12卷第4辑 Vol.12 No.4
2019年 2019

证券交易所一线监管能提升证券分析师盈利预测质量吗？——基于年报问询函的证据*

丁方飞 刘倩倩
（湖南大学工商管理学院，湖南 长沙 410000）

【摘要】 本文以2014~2017年沪深A股非金融类上市公司为样本，在倾向性得分匹配（propensity score matching，PSM）的基础上采用双重差分（difference-in-difference，DID）回归方法检验年报问询函对证券分析师盈利预测质量的影响。主回归结果表明，年报问询函显著提升了证券分析师盈利预测质量。作用机制检验表明，只有当年报问询函内容涉及公司会计遵循、收入确认和利润波动、公司经营风险等重要内容时，以及当公司的内外部监督机制较弱和媒体关注度高时，年报问询函才能显著地促进证券分析师盈利预测质量，表明问询函制度通过信息效应和监督效应提升了证券分析师盈利预测质量。进一步分析发现，当公司收到年报问询函后，证券分析师盈利预测修正能引发更显著的市场反应，表明市场认识到问询函制度对证券分析师盈利预测质量的提升效应。本文的研究结论表明，以问询函制度为代表的证券交易所一线监管对提高证券市场信息中介的信息解读质量有着正面促进作用，对于监管层如何进一步改进监管制度、提升市场信息效率具有较好的参考价值。

【关键词】 年报问询函 证券分析师 盈利预测质量

* 丁方飞（通讯作者），教授，E-mail：dff@hnu.edu.cn；刘倩倩，硕士研究生，E-mail：Sunnyliuqq1@163.com。本文受到国家自然科学基金面上项目“‘意见领袖’角色定位下证券分析师预测对市场情绪的干预机制研究”（71572054）、“风险链视阈下的地方政府债务风险：多维评估、先导预警与常态治理研究”（71673077）和湖南省社会科学基金一般项目“证券分析师预测对我国上市公司创新绩效的促进机制研究”（18YBA087）的资助。特别感谢《当代会计评论》2019学术年会上中央财经大学陈运森教授和其他参会代表对本文提出的建设性意见，也感谢2019年湖南大学工商管理学院创新论坛上多位专家的修改意见，当然，文责自负。

一、引　言

以年报问询函为载体的监管是党的十九大以来的一种创新型监管模式。这种监管模式以上海证券交易所和深圳证券交易所为一线监管主体，对上市公司的年度财务报告进行事后审核，对年报中存在问题或者不符合信息披露规范的公司发出问询函，要求上市公司在规定时间内进行解释或更正，并及时公布。问询函制度体现了中国证券监督管理委员会“放松管制、加强监管”的监督理念，放松事前的行政审核程序，理清政府与市场的关系；落实事后监管，强化信息披露，提升市场信息效率。

证券分析师是证券市场上连接投资者和上市公司的重要信息中介，在促进市场信息传递和提高股票信息含量方面发挥着重要作用。他们收集上市公司的相关信息，对其未来营利能力和公司价值进行评估，并向投资者发布盈利预测报告。高质量的盈利预测有助于投资者更好地评判公司的营利能力和潜在风险，做出恰当的投资决策，从而有利于优化市场资源配置，提升市场信息效率。公司年报是证券分析师重要的公开信息源，而问询函制度的实施会影响到公司年报的披露。并且，证券分析师通常会关注年报所披露的经营情况、关联交易和收入盈利等方面的内容（胡奕明等 2003，Wang 2016），与问询函关注的内容重合度较高，因此，问询函的内容可能会引起证券分析师的高度关注。例如，2019年7月5日，财达证券股份有限公司发布的关于紫鑫药业的盈利预测报告[①]就直接引用了《深圳证券交易所中小板公司管理部发出的中小板年报问询函〔2019〕第174号》中关于对收入和利润下滑的问询内容[②]，证券分析师根据公司的回函内容及时做出了盈利预测调整。

具有专业知识背景的监管者通过对年报进行全面分析，能够在年报问询函中指出上市公司年报披露中存在的缺陷和问题。同时，收函公司被迫对指出的问题进行解释、改进，有助于投资者理解公司年报的关键问题，缓解信息不对称，改善公司信息披露质量（Bozanic et al. 2017，郭飞和周泳彤 2018，陈运森等 2018a）。因此，理论上公司年报问询函可能有利于提升证券分析师盈利预测质量。尽管现有研究表明以问询函制度为代表的证券交易所一线监管能对公司信息披露质量（Bozanic et al. 2017）、管理层行为（李晓溪等 2019a，陈运森等 2019）、机构投资者行为（Gietzmann and Isidro 2013）、审计质量（陈运森等 2018b）和信息含量（陈运森等 2018a，Johnston and Petacchi 2017）等产生重要影响，但鲜有研究涉及这一监管创新能否对证券市场上的信息中介产生影响。

本文以2014~2017年收到年报问询函的A股非金融类上市公司为样本，在PSM的基础上采用DID回归方法检验年报问询函对证券分析师盈利预测质量的影响。回归结果表明，

---

① 来源于同花顺金融服务网，参见 http://news.10jqka.com.cn/field/sr/20190705/20317119.shtml.

② 来源于深圳证券交易所官网，参见 http://reportdocs.static.szse.cn/UpFiles/fxklwxhj/LSD00211847402.pdf?random=0.44997360171565903.

相比未收到年报问询函的公司，收到年报问询函的公司的证券分析师盈利预测质量显著上升。机制检验表明，年报问询函对证券分析师盈利预测质量的提升效应主要存在于当问询内容涉及会计遵循、收入确认和利润波动、公司经营风险等重要内容，以及当公司内外部监督机制较弱和媒体关注度较高时，表明问询函制度通过信息效应和监督效应提升了证券分析师盈利预测质量。进一步分析表明，公司收到年报问询函后，投资者对证券分析师盈利预测修正的反应显著上升，表明市场认识到问询函制度对证券分析师盈利预测质量的促进效应，问询函制度通过提升证券分析师盈利预测质量，从而提高市场信息效率。

本文的主要贡献在于三个方面。

首先，以往国内关于问询函的经济后果的研究主要集中在问询函对管理层、机构投资者和审计师等市场参与主体的影响，但尚未涉及问询函制度能否影响市场信息中介的信息解读质量。本文的研究结论表明，问询函制度可以显著提升证券分析师这一信息中介的盈利预测质量，提高市场对证券分析师盈利预测修正的反应程度，说明以问询函制度为代表的证券交易所一线监管可以提升信息中介的信息解读质量，进而提高市场信息效率。同时，本文的研究结论也补充了Wang（2016）的研究。Wang（2016）发现，SEC（U. S. Securities and Exchange Commission，美国证券交易委员会）的分部信息问询函有利于证券分析师提升盈利预测质量。本文的研究则进一步说明类似于我国新兴资本市场上的问询函制度也能提升证券分析师盈利预测质量，表明问询函制度可能通过信息效应和监督效应提升证券分析师盈利预测质量，并且进一步揭示了其作用机理。

其次，本文的研究也丰富了证券分析师盈利预测质量影响因素方面的文献。以往的文献主要关注会计准则、制度环境、证券分析师个人特征、公司特征和利益冲突等因素对证券分析师盈利预测质量的影响，很少涉及证券监管机构的监管制度变化对证券分析师盈利预测质量的影响。本文利用我国的信息披露监管制度变革来检验证券交易所一线监管模式对证券分析师盈利预测的影响，拓展了证券分析师盈利预测的影响因素研究。

最后，本文的研究结论具有重要的现实意义。本文的研究结论表明以问询函制度为代表的证券交易所一线监管对证券分析师这一重要的资本市场信息中介的信息解读能力具有显著的促进作用，而这一效应依赖于年报问询函涉及的内容及公司自身的内外部监督机制。因此，证券交易所应该不断完善这一监管制度创新，充分发挥证券分析师的信息中介职能，提升市场信息效率。

二、文献回顾

（一）证券分析师盈利预测质量的影响因素

研究表明，公司外部环境、公司特征、证券分析师个人特征和利益冲突等因素都会影响证券分析师盈利预测质量。从公司外部环境层面来看，法律制度越完善（Bushman and Smith 2001）、市场化程度越高（Peress 2010）、会计准则质量越高（Tan et al. 2011），证券分析师盈利预测质量越高。从公司特征层面来看，盈余管理程度越低（马德芳和吴祥 2015）、内部控制质量越好（林斌和刘善敏 2012）、董事会报告可读性越强（江媛和王治 2019），证券分析师盈利预测质量越高。从证券分析师个人特征层面来看，证券分析师的从业经验（张宗新和姚佩怡 2017）、行业专长（刘永泽和高嵩 2014）、努力程度、所在券商的规模（伊志宏等 2016）、券商声誉（Stickel 1992）等，都可以提高证券分析师盈利预测质量。从利益冲突层面来看，现有研究发现，基于佣金收入动机，证券分析师会主动迎合机构投资者的需求（Gu et al. 2019，李钻和施先旺 2016），刺激交易量（丁方飞和张宇青 2012）；基于获取私人信息动机，证券分析师会主动取悦上市公司高管（Lin and McNichols 1998，Lim 2001），其盈利预测偏差与管理层期望盈余差异存在极大的相关性（刘青青和陈宋生 2019）；基于承销业务动机，券商会迫使旗下的证券分析师对关联基金公司发布不客观的评级（姜波和周明山 2015），这些因素都会降低证券分析师盈利预测质量。

现有研究较少关注证券监管机构的监管制度变化对证券分析师盈利预测质量是否会产生影响。上市公司年度财务报告是证券分析师盈利预测最重要的公开信息源，证券交易所的问询函制度可能会影响公司年报的信息含量和可信度，从而可能影响证券分析师盈利预测质量。

（二）问询函的影响因素和经济后果

现有关于问询函的研究主要关注公司收到问询函的影响因素和问询函产生的经济后果。在影响因素方面，研究发现应计盈余管理程度较高（刘柏和卢家锐 2019）、避税程度较高（Kubick et al. 2016）、专有成本较高（Wang 2016）、并购重组报告信息披露质量较差（李晓溪等 2019b）、政治关联度较高（Heese et al. 2017）的公司更有可能收到问询函。除此之外，Cassell等（2013）的研究表明，营利能力低、复杂性程度高、股价波动性大、非“四大”会计师事务所审计、较低公司治理水平及存在报表重述的公司，收到问询函的可能性更大。

在问询函的经济后果方面，学者主要研究了问询函对公司信息披露质量和相关市场主体的影响。在对公司信息披露质量方面，Johnston和Petacchi（2017）的研究表明，年报问询函审核完成后，盈余公告期的买卖价差下降，盈余反应系数增加；Bozanic等（2017）的研究发现，SEC的年报问询函总体上增强了公司的信息披露和信息透明度，降低了公司的诉讼风险；年报问询函还有利于完善投资者保护机制，抑制股价崩盘（张俊生等 2018）。在对相关市场主体的影响方面，研究发现年报问询函使得管理层的盈余管理行为得到抑制（陈运森等 2019）、避税行为减少（Kubick et al. 2016）、业绩预告质量提高（李晓溪等 2019a，翟淑萍和王敏 2019）、大股东掏空行为减少（聂萍和潘再珍 2019）；年报问询函还对审计师的早期外部监管起到警示作用，加大了审计师变更的可能性（Baldwin et al. 2013），提升了审计质量（陈运森等 2018b）；对于机构投资者来说，公司收到年报问询函后，机构投资者会降低其股票持有量（Gietzmann and Isidro 2013）。对于投资者整体而言，公司收到年报问询函后，市场产生负向反应，但公司回复问询函后，市场会产生正向反应（陈运森等 2018a）；陶雄华和曹松威（2018）研究还发现，公司的定期财务报告被问询时，问询公告产生了3%左右的公告效应；郭飞和周泳彤（2018）发现收入问题集中度越高的年报问询函的负向市场反应越大。

证券分析师作为资本市场重要的信息中介，在解读报表信息、评估公司营利能力、指引投资者决策、提升市场信息效率和优化资源配置中发挥着重要作用。尽管现有研究已经分析了问询函制度的市场反应，但是尚未有文献涉及这一监管制度是否会影响资本市场信息中介的信息解读质量，从而影响市场信息效率。Wang（2016）研究了美国的分部报告问询函对证券分析师盈利预测质量的影响，但尚未研究问询函对证券分析师盈利预测质量影响的具体作用机制，而且我国的资本市场环境和问询函制度都与西方国家存在重大的差异。因此，基于我国的新兴资本市场环境，研究问询函制度对证券分析师盈利预测的影响效果和作用机制具有特殊的意义。

三、制度背景、理论分析与假设提出

（一）制度背景

自2013年以来，上海证券交易所和深圳证券交易所相继开通“信息披露直通车”，要求上市公司根据证券交易所信息披露系统自行登记和上传信息披露文件，对上市公司的监管转为事后监管，问询函制度是证券交易所对上市公司信息披露的事后监管措施之一。在“放松管制、加强监管”的理念指引下，以证券交易所为一线监管主体，发放年报问询函的非处罚性监管措施在证券市场中发挥着越来越重要的作用。

我国的证券交易所一线监管仍处于起步阶段，并且与SEC的问询监管有很大不同，主要存在以下四个方面：第一，发函机构不同。美国资本市场上的问询函由SEC发出，而我国的问询函由上海证券交易所和深圳证券交易所发出，在权威性层次上要比美国低。第二，问询周期不同。塞班斯法案408号规定SEC至少每3年要对上市公司的文件进行审核，而我国要求每年要对上市公司公布的年报进行事后监管，对存在问题的公司进行发函。第三，问询函披露的时间点不同。美国证券监管机构要求，在2012年1月1日后审核的文件至少应在审核完成的20天后进行公布，并且收函和回函的内容同时公布，而我国监管问询披露要求更具时效性，要求上市公司及时公布收到的证券交易所问询函，并且在规定的时间内（通常为10天左右）以回函的形式进行回复和公开披露。第四，问询的内容不同。SEC更多的是对文件的全面审核，确保与SEC披露的要求保持一致，而我国的问询函内容较丰富，不仅涉及是否按照规定进行披露，而且涉及公司治理、经营风险、行业趋势等，还会要求第三方发表专项核查意见。因此，基于我国特有的制度背景，研究问询函制度的有效性具有重要的意义。

（二）理论分析与研究假设

年报问询函作为一种非处罚性监管，更多的是对年报中存在问题的一种事后问询和督促改正，并无实质性的处罚措施。因此，问询函制度是否有助于提升证券分析师盈利预测质量具有不确定性。

一方面，年报问询函可能有助于提升证券分析师盈利预测质量。首先，年报问询函可能会使公司提供增量信息，从而产生信息效应，提升证券分析师盈利预测质量。收到年报问询函意味着公司年报披露存在披露不清晰或不符合相关规定的地方，回函是对年报中存在的问题进行进一步的解释说明和补充，有助于证券分析师获取更多和更优的信息源，加深对公司经营和风险的理解，从而做出更准确的盈利预测（Wang 2016）。其次，年报问询函也可能具有一定的监督效应。年报问询函通常可以准确地指出上市公司年报披露中存在的缺陷，这种缺陷可能与公司的内部控制质量和审计质量不高有关。公司为了避免年报问询函带来的负面影响，必然会采取措施来弥补这些缺陷。例如，改正会计处理和信息披露中不符合规定之处，弥补内部控制制度的漏洞；审计师也会基于其声誉的考虑，加大对年报的审查力度，改进审计质量（陈运森等 2018b）。年报问询函还可能引发外部媒介的监督效应，媒体关注度越高的公司，负面信息越容易被挖掘，越容易引起投资者和监管层的注意，年报问询函对管理层产生的威慑力会越大（Brown et al. 2018），从而越容易提升年报问询函的监督效应。因此，年报问询函产生的监督效应会促使管理层改进公司缺陷，提高信息披露质量，从而提升证券分析师盈利预测质量。

另一方面，年报问询函也可能对证券分析师盈利预测质量影响不大。第一，从监管机构的权威性和监管有效性角度而言，证券交易所并非一个专门的监管机构，其发出的年报问询函在权威性和监管有效性方面可能低于SEC发布的问询函，因此，问询函制度能否提升证券分析师盈利预测质量具有不确定性。第二，从证券分析师声誉角度而言，被问询的公司通常在年报规范性和可理解性上存在问题，这些问题往往与公司的内部控制、管理层操纵、员工业务能力和经营风险等多种因素相关联，这些问题的存在会增加公司经营失败的可能，带来预测风险，甚至可能会影响证券分析师和其所在券商的声誉，因此，证券分析师可能会有意识地减少对该类公司的关注。第三，证券分析师本身具有一定的私人信息渠道，现有研究发现，基于“社会关系”和个人吸引力的证券分析师的私有信息渠道可能在证券分析师盈利预测质量上起着重要作用（Cao et al. 2019，Gu et al. 2019），因此，年报问询函的内容和公司后续的回函或许对证券分析师而言并无实质性的增量信息，年报问询函可能对证券分析师盈利预测质量影响不大。

基于以上分析，本文以原假设的形式提出假设1。

假设 1：年报问询函对证券分析师盈利预测质量无显著影响。

四、研究设计与模型

（一）数据来源

证券交易所自2014年12月开始公开披露年报问询函函件，本文以2014年为起始年份，选取2014~2017年沪深A股上市公司为初始样本，并对样本进行以下筛选：①剔除金融保险类上市公司；②剔除有缺失值的观测值；③以收到年报问询函的公司为实验组，以未收到年报问询函的公司为对照组，进行PSM，删除未匹配上的对照组样本，最终得到2 265个观测值。

年报问询函的数据是根据上海证券交易所官网、深圳证券交易所官网、巨潮资讯网等网站上的相关数据手工收集整理得到，其他数据均来自国泰安金融研究数据库（CSMAR）。为了降低异常值的影响，本文对所有连续变量在1%到99%的分位数水平上进行缩尾处理，回归采用公司层面聚类的稳健标准误估计。

（二）变量定义与说明

1. 被解释变量

本文借鉴王雄元等（2017）的研究，从证券分析师盈利预测偏差和证券分析师盈利预测乐观度两个方面对证券分析师盈利预测质量进行衡量，证券分析师盈利预测偏差和证券分析师盈利预测乐观度的衡量方式如式（1）和式（2）所示。ForecastEps是指追踪同一公司的每位证券分析师当年最后一个每股盈利预测的均值，ActualEps是指公司当年的实际每股盈利。证券分析师盈利预测偏差（Ferr）越大，证券分析师盈利预测乐观度（Ferrpos）越高，预测质量越低。

$$\text{Ferr}=\frac{\left|\text{ForecastEps}-\text{ActualEps}\right|}{\left|\text{ActualEps}\right|+0.5} \tag{1}$$

$$\text{Ferrpos}=\frac{\text{ForecastEps}-\text{ActualEps}}{\left|\text{ActualEps}\right|+0.5} \tag{2}$$

2. 解释变量

由于证券交易所对同一问询事件可能会进行重复问询，本文以当年上市公司收到的第一封年报问询函为依据设置虚拟变量，收到年报问询函（用CL表示）的公司CL取1，否则取0。POST为收函时间虚拟变量，公司收到年报问询函的当年及之后的年份都取1，收到年报问询函之前的年份取0（陈运森等 2019，翟淑萍和王敏 2019）。

3. 控制变量

诸多因素均有可能影响证券分析师盈利预测偏差和乐观度，本文借鉴已有研究（Wang 2016，Bozanic et al. 2017，刘柏和卢家锐 2019，李晓溪等 2019a）选取控制变量：公司规模（Size）、“四大”会计师事务所审计（Big4）、产权性质（SOE）、资产负债率（Lev）、机构投资者持股比率（IO）、公司年龄（Age）、违规处罚（Violation）、股权集中度（Top1）和证券分析师跟踪人数（Analyst）。变量定义如表1所示。

表1 变量定义表

变量	变量名称	变量符号	变量定义
被解释变量	证券分析师盈利预测偏差	Ferr	|所有证券分析师当年最后一个每股盈利预测的均值-公司当年的实际每股盈利|/|公司当年的实际每股盈利|+0.5
	证券分析师盈利预测乐观度	Ferrpos	（所有证券分析师当年最后一个每股盈利预测的均值-公司当年的实际每股盈利）/|公司当年的实际每股盈利|+0.5
解释变量	收到年报问询函	CL	公司收到年报问询函取 1，否则取 0
	收函时间	POST	公司收到年报问询函的当年及之后的年份取 1，之前年份取 0
控制变量	公司规模	Size	总资产取对数
	“四大”会计师事务所审计	Big4	如果审计师来自“四大”会计师事务所取 1，否则取 0
	产权性质	SOE	如果是国有企业取 1，否则取 0
	资产负债率	Lev	年末负债总额与总资产的比率
	机构投资者持股比率	IO	所有机构投资者持股份额所占比例
	公司年龄	Age	上市年限加 1 取对数
	违规处罚	Violation	当年受到违规处罚取 1，否则取 0
	股权集中度	Top1	第一大股东持股比率
	证券分析师跟踪人数	Analyst	本年度跟踪同一家公司的证券分析师人数加 1 取对数

（三）模型设计

从严格意义上来说，收到年报问询函的公司并不是被随机选择的，收到年报问询函的公司往往存在信息披露不规范之处，故实验组和控制组的初始条件不完全相同。PSM可以缓解非随机实验样本的选择性偏差问题，而DID可以较好地剔除不随时间变化的遗漏变量的影响，因此，本文在PSM基础上采用DID回归方法。

本文以首次收到年报问询函的公司作为实验组，以未收到年报问询函的公司作为控制组，根据协变量值计算倾向性得分，采用1∶1无放回邻近配对方法按年份进行匹配。本文借鉴翟淑萍和王敏（2019）、陈硕等（2018）的研究，选取可能影响公司收到年报问询函概率的协变量，以是否收到年报问询函（CL）为被解释变量进行Logit回归，最终得出6个显著的协变量，分别为公司规模（Size）、公司年龄（Age）、产权性质（SOE）、资产负债率（Lev）、亏损（Loss）和违规处罚（Violation）。均衡性检验表明，匹配之后实验组和控制组的协变量不存在显著性差异。在稳健性检验中，按照1∶4的比例进行匹配。在PSM基础上，进一步建立模型（3）进行回归。

$$
\begin{aligned}
\text{Ferr/Ferrpos} = {} & \beta_0 + \beta_1\text{CL} + \beta_2\text{POST} + \beta_3\text{CL}\times\text{POST} + \beta_4\text{Size} + \beta_5\text{Big4} + \beta_6\text{SOE} + \beta_7\text{Lev} \\
& + \beta_8\text{IO} + \beta_9\text{Age} + \beta_{10}\text{Violation} + \beta_{11}\text{Top1} + \beta_{12}\text{Analyst} + \sum\text{Year} \\
& + \sum\text{Industry} + \varepsilon
\end{aligned} \quad (3)
$$

其中，Ferr和Ferrpos为证券分析师预测质量的代理变量；CL的系数为收到年报问询函的公司相对于未收到年报问询函的公司的证券分析师预测质量的差异；POST为收到年报问询函之后相对于收到年报问询函之前证券分析师预测质量的差异。本文关注的是交乘项CL×POST的系数，如果年报问询函能够显著地提升证券分析师盈利预测质量，则β_3的值应显著为负值。

五、实证检验结果与分析

（一）描述性统计

表2列示了样本主要变量的描述性统计结果。结果显示，证券分析师盈利预测偏差（Ferr）的最大值为2.921，最小值为0，表明个体证券分析师之间的预测偏差差异较大。证券分析师盈利预测乐观度（Ferrpos）的最大值为2.921，最小值为-1.530，均值和中位数都大于0，表明证券分析师预测整体上存在乐观倾向。

表2　样本主要变量的描述性统计结果

变量名	样本量	均值	标准差	中位数	最小值	最大值
Ferr	2 265	0.227	0.259	0.134	0	2.921
Ferrpos	2 265	0.186	0.290	0.108	-1.530	2.921
CL	2 265	0.479	0.500	0	0	1.000
Top1	2 265	32.351	14.400	30.010	9.000	75.170
Size	2 265	22.195	1.212	22.090	19.563	26.075
Lev	2 265	0.478	0.206	0.472	0.057	0.877
Age	2 265	2.357	0.695	2.565	0	3.219
IO	2 265	4.978	4.477	3.745	0	20.670
Violation	2 265	0.223	0.416	0	0	1.000
Analyst	2 265	1.591	1.001	1.609	0	3.664

（二）相关性分析

表3列示了主要变量之间的Pearson和Spearman相关系数。结果表明，证券分析师盈利预测偏差（Ferr）、证券分析师盈利预测乐观度（Ferrpos）与公司年龄（Age），机构投资者持股比率（IO），证券分析师跟踪人数（Analyst）呈负相关关系，与收到年报问询函（CL）、资产负债率（Lev）、违规处罚（Violation）呈正相关关系。表3的相关性检验结果表明收到年报问询函的公司可能存在问题，从而使得证券分析师盈利预测质量较低，但年报问询函的政策效应还需要借助DID回归来检验。在自变量的相关系数检验中，只有公司规模（Size）与公司资产负债率（Lev）的相关系数大于0.5，其余变量的相关系数都小于0.5，并且方差膨胀因子（VIF）检验结果均小于10，表明不存在严重的共线性问题。

表3　相关系数表

变量	Ferr	Ferrpos	CL	Top1	SOE	Big4	Size	Lev	IO	Age	Violation	Analyst
Ferr		0.847^{***}	0.157^{***}	−0.019	-0.054^{***}	-0.069^{***}	−0.016	0.047^{**}	-0.107^{***}	-0.097^{***}	0.074^{***}	-0.044^{**}
Ferrpos	0.912^{***}		0.133^{***}	−0.011	-0.066^{***}	-0.077^{***}	−0.001	0.045^{**}	-0.057^{***}	-0.121^{***}	0.082^{***}	0.001
CL	0.169^{***}	0.140^{***}		-0.061^{**}	−0.034	−0.031	−0.030	−0.008	-0.074^{***}	0.002	0.091^{***}	-0.122^{***}
Top1	−0.016	0.001	-0.064^{***}		0.211^{***}	0.161^{***}	0.238^{***}	0.164^{***}	-0.064^{***}	0.007	−0.016	0.053^{***}
SOE	-0.033^{*}	-0.043^{**}	−0.034	0.205^{***}		0.136^{***}	0.371^{***}	0.256^{***}	-0.042^{**}	0.406^{***}	-0.036^{*}	-0.084^{***}
Big4	-0.041^{**}	-0.049^{**}	−0.031	0.185^{***}	0.136^{***}		0.241^{***}	0.064^{***}	0.045^{**}	0.100^{***}	−0.031	0.097^{***}
Size	−0.009	0.070^{***}	-0.100^{***}	0.359^{***}	0.377^{***}	0.291^{***}		0.629^{***}	0.076^{***}	0.453^{***}	0.038^{*}	0.124^{***}
Lev	0.063^{***}	0.073^{***}	−0.017	0.184^{***}	0.260^{***}	0.064^{***}	0.482^{***}		0.058^{***}	0.365^{***}	0.071^{***}	-0.062^{***}
IO	-0.109^{**}	-0.075^{***}	-0.058^{**}	-0.099^{***}	-0.071^{***}	0.027	0.131^{***}	0.029		0.068^{***}	0.034^{*}	0.320^{***}
Age	-0.079^{**}	-0.102^{***}	−0.001	0.015	0.410^{***}	0.098^{***}	0.416^{***}	0.358^{***}	0.056^{***}		−0.013	-0.126^{***}
Violation	0.078^{***}	0.084^{***}	0.091^{***}	−0.020	-0.036^{*}	−0.031	0.069^{***}	0.076^{***}	0.025	−0.016		-0.044^{**}
Analyst	-0.053^{**}	−0.012	-0.116^{***}	0.065^{***}	-0.080^{***}	0.100^{***}	0.147^{***}	-0.058^{***}	0.267^{***}	-0.116^{***}	-0.051^{***}	

***、**、*分别表示显著性水平为 0.01、0.05、0.1

注：表中上三角为 Spearman 相关系数，下三角为 Pearson 相关系数

（三）基本回归结果分析

1. 平行趋势检验

DID回归的前提假设需要满足平行趋势检验，为了验证DID模型的有效性，本文定义了4个年份虚拟变量，即Year（–1）、Year（0）、Year（1）、Year（2），分别代表公司收到年报问询函的前一年到收到年报问询函的后两年。然后，将式（3）中的CL×POST替换成上述4个时间虚拟变量与CL的乘积，如式（4）所示。表4第（1）列、第（2）列的回归结果显示，CL×Year（–1）的系数不显著，即控制组和实验组的变化趋势在收到年报问询函前不存在显著的差异，因此，平行趋势假设成立。

$$\begin{aligned}\text{Ferr / Ferrpos} = {} & \beta_0 + \beta_1 \text{CL} \times \text{Year}(-1) + \beta_2 \text{CL} \times \text{Year}(0) + \beta_3 \text{CL} \times \text{Year}(1) + \beta_4 \text{CL} \\ & \times \text{Year}(2) + \beta_5 \text{CL} + \beta_6 \text{Year}(-1) + \beta_7 \text{Year}(0) + \beta_8 \text{Year}(1) \\ & + \beta_9 \text{Year}(2) + \text{Controls} + \sum \text{Year} + \sum \text{Industry} + \varepsilon\end{aligned} \quad (4)$$

其中，控制变量（Controls）分别为公司规模（Size）、“四大”会计师事务所审计（Big4）、产权性质（SOE）、资产负债率（Lev）、机构投资者持股比率（IO）、公司年龄（Age）、违规处罚（Violation）、股权集中度（Top1）和证券分析师跟踪人数（Analyst）。

表4　平行趋势检验

变量	（1）	（2）
	Ferr	Ferrpos
CL×Year（–1）	−0.024	−0.029
	（–0.86）	（–0.94）
CL×Year（0）	-0.060^{**}	-0.085^{***}
	（–2.12）	（–2.69）
CL×Year（1）	-0.090^{***}	-0.088^{***}
	（–2.88）	（–2.59）
CL×Year（2）	-0.089^{**}	−0.056
	（–2.28）	（–1.35）

续表

变量	(1) Ferr	(2) Ferrpos
Controls	控制	控制
Year&Industry	控制	控制
N	2 265	2 265
R^2	0.075	0.058
F	7.023	5.454

***、**分别表示显著性水平为0.01、0.05

注：括号内的 t 统计量（双尾）已经过公司层面的聚类调整

2. DID回归结果

表5列示了年报问询函对证券分析师盈利预测偏差和证券分析师盈利预测乐观度的DID回归结果。第（1）列、第（2）列列示了证券分析师盈利预测偏差和证券分析师盈利预测乐观度为因变量的回归结果：交乘项CL×POST的系数在第（1）列和第（2）列中分别为-0.053和-0.074，且分别在0.05和0.01的水平上显著，表明相对于样本期内未收到年报问询函的公司，收到年报问询函的公司证券分析师盈利预测偏差和证券分析师盈利预测乐观度均显著降低。从经济显著性上来看，相对于未收到年报问询函的公司，公司在收到年报问询函后的证券分析师盈利预测偏差平均降低了0.053，达到样本均值的23.35%（证券分析师盈利预测偏差的样本均值为0.227）；证券分析师盈利预测乐观度平均降低了0.074，达到样本均值的39.78%（证券分析师预测乐观度的样本均值为0.186）。结果支持年报问询函会显著地提升证券分析师盈利预测质量，拒绝假设1。

表5 年报问询函与证券分析师盈利预测质量的回归结果

变量	PSM1：1 配对		PSM1：4 配对	
	(1) Ferr	(2) Ferrpos	(3) Ferr	(4) Ferrpos
CL	0.092***	0.096***	0.085***	0.087***
	(6.09)	(5.84)	(6.46)	(6.08)
CL×POST	-0.053**	-0.074***	-0.043**	-0.065***
	(-2.41)	(-2.89)	(-2.22)	(-2.89)
POST	0.050***	0.051***	0.044***	0.046***
	(3.10)	(2.80)	(4.07)	(3.91)
Top1	-0.001**	-0.001***	-0.001*	-0.001**
	(-1.99)	(-3.23)	(-1.93)	(-2.24)
SOE	-0.001	-0.005	0.005	-0.007
	(-0.04)	(-0.39)	(0.47)	(-0.62)
Big4	-0.002	0.011	-0.003	-0.011
	(-0.07)	(0.35)	(-0.17)	(-0.57)
Size	-0.013*	-0.008	-0.012**	-0.011*
	(-1.85)	(-0.97)	(-2.44)	(-1.92)

续表

变量	PSM1：1 配对		PSM1：4 配对	
	（1）	（2）	（3）	（4）
	Ferr	Ferrpos	Ferr	Ferrpos
Lev	0.242***	0.220***	0.211***	0.210***
	（6.36）	（5.42）	（7.43）	（6.88）
IO	−0.003***	−0.002	−0.003***	−0.002
	（−2.77）	（−1.48）	（−3.49）	（−1.60）
Age	−0.031***	−0.044***	−0.023***	−0.029***
	（−3.24）	（−4.14）	（−3.52）	（−4.02）
Violation	0.038***	0.035**	0.033***	0.026**
	（2.74）	（2.27）	（3.21）	（2.32）
Analyst	−0.014**	−0.006	−0.013***	−0.005
	（−2.21）	（−0.82）	（−3.07）	（−1.20）
截距项	0.533***	0.410**	0.496***	0.437***
	（3.72）	（2.57）	（4.91）	（3.80）
Year	控制	控制	控制	控制
Industry	控制	控制	控制	控制
N	2 265	2 265	4 380	4 380
R^2	0.075	0.058	0.066	0.052
F	7.198	5.654	10.549	8.936

***、**、*分别表示显著性水平为 0.01、0.05、0.1

注：括号内的 t 统计量（双尾）已经过公司层面的聚类调整

六、作用机制检验

前文的检验结果支持年报问询函可以提升证券分析师盈利预测质量，我们预期这种效应可能来源于年报问询函的信息效应和监督效应。本部分对这两种可能的作用机制进行检验。

（一）信息效应

如果问询函制度是通过年报问询函提供的增量信息来提高证券分析师盈利预测质量，那么我们预期年报问询函涉及的信息与公司的未来营利能力和价值越相关，证券分析师盈利预测质量提升效应越显著。年报问询函的内容涉及很多方面，本文借鉴Johnston和Petacchi（2017）的分类方法，并结合我国年报问询函的内容，手工收集整理后将年报问询函涉及的内容分为四类：第一类问题（$Q1$）是会计规则遵循问题，包括是否遵守相关的会计准则，是否合理使用会计政策，是否需要会计师发表意见等；第二类问题（$Q2$）是收入确认和利润波动问题，包括公司年报中的收入确认问题及利润大幅变动的原因解释及补充披露等；第三类问题（$Q3$）是公司经营风险问题，包括公司的竞争环境是否存在风险等；

第四类问题（$Q4$）是其他问题，如年报披露内容前后不一致等。显然，前三类问题对公司未来营利能力和价值具有重要的意义，能为证券分析师盈利预测提供更有用的信息，而第四类问题重要性程度相对较低。本文借鉴李晓溪等（2019a）的检验方法，采用模型（5）检验不同内容的年报问询函对证券分析师盈利预测质量的影响。

$$\begin{aligned}\text{Ferr/Ferrpos} = {} & \gamma_0 + \gamma_1\text{Type} + \gamma_2\text{POST} + \gamma_3\text{Type}\times\text{POST} + \gamma_4\text{CL} + \gamma_5\text{Size} + \gamma_6\text{Big4} \\ & + \gamma_7\text{SOE} + \gamma_8\text{Lev} + \gamma_9\text{IO} + \gamma_{10}\text{Age} + \gamma_{11}\text{Violation} + \gamma_{12}\text{Top1} + \gamma_{13}\text{Analyst} \\ & + \sum\text{Year} + \sum\text{Industry} + \varepsilon\end{aligned} \tag{5}$$

其中，Type为年报问询函内容分类哑变量，分别取4个分类哑变量$Q1$、$Q2$、$Q3$和$Q4$来表示不同内容的年报问询函。若涉及第一类问题，$Q1$取1，否则取0，$Q2$、$Q3$和$Q4$取值与$Q1$的方式相同。其他控制变量的定义与模型（3）一致，并且借鉴李晓溪等（2019a）、翟淑萍和王敏（2019）的研究，加入CL作为控制变量。模型（5）的回归结果见表6。从表6中可以看到，$Q1$、$Q2$和$Q3$与POST交乘项的系数均显著为负值，但$Q4$与POST交乘项系数不显著，说明当收到的年报问询函涉及会计规则遵循、收入确认和利润波动、公司经营风险等关键信息时，更有利于降低证券分析师盈利预测偏差和证券分析师盈利预测乐观度。当涉及第四类问题时，对证券分析师盈利预测偏差和证券分析师盈利预测乐观度无显著影响，表明该类问题对证券分析师没有提供增量信息。

表6 年报问询函内容分类和证券分析师盈利预测质量的回归结果

变量	（1）	（2）	（3）	（4）	（5）	（6）	（7）	（8）
	Ferr	Ferrpos	Ferr	Ferrpos	Ferr	Ferrpos	Ferr	Ferrpos
$Q1$	0.050**	0.058**						
	（2.32）	（2.51）						
$Q1$×POST	−0.056**	−0.088***						
	（−2.25）	（−3.05）						
$Q2$			0.043*	0.043				
			（1.75）	（1.63）				
$Q2$×POST			−0.060***	−0.082***				
			（−2.67）	（−3.10）				
$Q3$					0.010	0.002		
					（0.47）	（0.08）		
$Q3$×POST					−0.049*	−0.059*		
					（−1.82）	（−1.72）		
$Q4$							0.055	0.052
							（1.26）	（1.06）
$Q4$×POST							−0.023	−0.151
							（−0.30）	（−1.50）
POST	0.039***	0.039**	0.047***	0.047***	0.032**	0.023	0.023*	0.019
	（2.79）	（2.49）	（3.07）	（2.66）	（2.35）	（1.54）	（1.81）	（1.34）
截距项	控制	控制	控制	控制	控制	控制	控制	控制
Year&Industry	控制	控制	控制	控制	控制	控制	控制	控制
N	2 265	2 265	2 265	2 265	2 265	2 265	2 265	2 265
R^2	0.075	0.059	0.075	0.058	0.073	0.055	0.073	0.056
F	6.888	5.508	7.009	5.498	7.025	5.618	6.641	5.924

***、**、*分别表示显著性水平为 0.01、0.05、0.1

注：括号内的 t 统计量（双尾）已经过公司层面的聚类调整

（二）监督效应

如果问询函制度是通过监督效应提升证券分析师盈利预测质量，那么我们预期这种效应会在公司内外部监督机制不完善时更显著。此外，由于外部的媒体关注有利于加强年报问询函的监督效应，我们还预期在媒体关注度更高的情境下，这种监督效应会更强。公司的内部控制制度和信息披露制度是有效的内部监督机制，而独立审计则是重要的外部监督机制，因此，本部分进一步检验年报问询函是否会在内部控制质量低、信息披露质量差、审计质量低和媒体关注度高的公司中对证券分析师盈利预测质量的提升效应更显著。

1. 内部控制质量

公司的内部控制是公司重要的内部监督机制。而在内部控制质量较低的公司，管理层缺乏有效监督，信息的生产和披露过程受到的制约较少，信息披露的合规性和质量可能较低（杨松令等 2014），会影响证券分析师从公司年报获取充分的信息。因此，本文预期年报问询函的监督效应在内部控制质量较差的公司更显著，更能提升证券分析师盈利预测质量。本文采用迪博·中国上市公司内部控制指数（DIB ICindex）衡量上市公司的内部控制质量，按照内部控制指数中位数将样本分为两组，大于中位数的为内部控制质量高组，小于中位数的为内部控制质量低组。分组回归结果如表7所示，在内部控制质量高组，CL × POST的系数均不显著；在内部控制质量低组，CL × POST系数在0.05的水平上显著为负值，表明年报问询函对证券分析师盈利预测质量的提升效应主要存在于内部控制质量低的公司中。

表7 内部控制质量对年报问询函与证券分析师盈利预测质量关系的调节效应回归结果

变量	内部控制质量高组		内部控制质量低组	
	（1）	（2）	（3）	（4）
	Ferr	Ferrpos	Ferr	Ferrpos
CL	0.083***	0.084***	0.094***	0.098***
	（4.30）	（3.86）	（4.15）	（4.03）
CL×POST	−0.041	−0.053	−0.068**	−0.092**
	（−1.38）	（−1.53）	（−1.98）	（−2.36）
POST	0.044**	0.042*	0.056**	0.062**
	（2.19）	（1.79）	（2.19）	（2.18）
Controls	控制	控制	控制	控制
Year&Industry	控制	控制	控制	控制
N	1 133	1 133	1 132	1 132
R^2	0.071	0.054	0.055	0.043
F	3.684	3.013	4.236	3.097

***、**、*分别表示显著性水平为 0.01、0.05、0.1

注：括号内的 t 统计量（双尾）已经过公司层面的聚类调整

2. 信息披露质量

公司的信息披露制度同样是公司的重要内部监督机制，而公司的信息披露质量是这种监督机制的重要标志。如果问询函制度对公司的信息披露质量具有监督作用，我们预期对于信息披露质量差的公司，这种边际监督效应会更强，从而更能提升证券分析师盈余预测质量。本文借鉴Kim和Verrecchia（2001）及周开国等（2011）的研究，采用KV（Kim和Verrecchia）度量法衡量公司的信息披露质量，KV指数越大，表明信息披露质量越差。按照KV指数中位数将样本分为两组，大于中位数的为信息披露质量差的组，小于中位数的为信息披露质量好的组。回归结果如表8所示，在信息披露质量好的组，CL×POST的系数均不显著；在信息披露质量差的组，CL×POST的系数均显著为负值，表明年报问询函对证券分析师盈利预测质量的提升效应主要存在于信息披露质量差的公司中。

表8 信息披露质量对年报问询函与证券分析师盈利预测质量关系的调节效应回归结果

变量	信息披露质量差的组		信息披露质量好的组	
	（1）	（2）	（3）	（4）
	Ferr	Ferrpos	Ferr	Ferrpos
CL	0.090***	0.092***	0.093***	0.096***
	（4.75）	（4.41）	（4.05）	（3.94）
CL×POST	−0.083***	−0.117***	−0.020	−0.029
	（−2.73）	（−3.37）	（−0.62）	（−0.77）
POST	0.061***	0.056**	0.037	0.037
	（2.83）	（2.33）	（1.63）	（1.42）
Controls	控制	控制	控制	控制
Year&Industry	控制	控制	控制	控制
N	1 133	1 133	1 132	1 132
R^2	0.086	0.061	0.060	0.050
F	4.309	3.311	3.237	2.87

***、**分别表示显著性水平为0.01、0.05

注：括号内的t统计量（双尾）已经过公司层面的聚类调整

3. 审计质量

独立审计是公司重要的外部监督机制。通常认为，相比非“四大”会计师事务所，“四大”会计师事务所规模更大，具备更强的专业能力，更加注重自身声誉，审计程序更加严格，经其审计的财务报告质量更高（Lennox 1999，Francis and Yu 2009）。因此，我们预期在非“四大”会计师事务所审计的公司，年报问询函的监督效应更大，从而更有助于提升证券分析师盈利预测质量。本文按照上市公司是否由“四大”会计师事务所审计分为两组进行检验，回归结果如表9所示，结果表明年报问询函在非“四大”会计师事务所审计组的作用显著，而在“四大”会计师事务所审计组并不显著。

表9 “四大”会计师事务所审计对年报问询函与证券分析师盈利预测质量关系的调节效应回归结果

变量	非“四大”会计师事务所审计组		“四大”会计师事务所审计组	
	（1）	（2）	（3）	（4）
	Ferr	Ferrpos	Ferr	Ferrpos
CL	0.089***	0.094***	0.149*	0.137
	（5.78）	（5.59）	（1.87）	（1.48）
CL×POST	−0.052**	−0.075***	−0.078	−0.060
	（−2.29）	（−2.83）	（−0.73）	（−0.53）
POST	0.050***	0.051***	0.047	0.021
	（2.94）	（2.72）	（0.81）	（0.37）
Controls	控制	控制	控制	控制
Year&Industry	控制	控制	控制	控制
N	2 162	2 162	103	103
R^2	0.072	0.056	0.347	0.303
F	6.842	5.434	1.933	1.585

***、**、*分别表示显著性水平为 0.01、0.05、0.1

注：括号内的 t 统计量（双尾）已经过公司层面的聚类调整

4. 媒体关注度

当媒体关注度越高时，公司的负面信息越容易被媒体“挖掘”，也更容易被投资者和监管层注意，故媒体关注度容易放大年报问询函给管理层带来的声誉损失和监管处罚的风险。因此，媒体关注度高的公司，年报问询函的监管效应会更强，年报问询函对证券分析师盈利预测质量的提升效应会更显著。媒体关注度的数据来源于中国研究数据服务平台财经新闻库，以公司每年被报道次数的自然对数衡量。按照媒体关注度中位数将样本分为两组，大于中位数的为媒体关注度高组，小于中位数的为媒体关注度低组。回归结果如表10所示，在媒体关注度高组，CL×POST系数均在0.01的水平上显著为负值；而在媒体关注度低组，这一系数并不显著。这一结果表明年报问询函对证券分析师盈利预测质量的提升效应主要存在于媒体关注度高的公司。

表10 媒体关注度对年报问询函与证券分析师盈利预测质量关系的调节效应回归结果

变量	媒体关注度高组		媒体关注度低组	
	（1）	（2）	（3）	（4）
	Ferr	Ferrpos	Ferr	Ferrpos
CL	0.101***	0.111***	0.080***	0.076***
	（5.15）	（5.28）	（3.31）	（2.89）
CL×POST	−0.096***	−0.104***	−0.007	−0.040
	（−3.05）	（−2.80）	（−0.22）	（−1.11）
POST	0.079***	0.073***	0.027	0.032
	（3.20）	（2.60）	（1.27）	（1.36）
Controls	控制	控制	控制	控制
Year&Industry	控制	控制	控制	控制
N	1 149	1 149	1 116	1 116
R^2	0.068	0.049	0.082	0.060
F	3.609	2.857	4.125	3.205

***表示显著性水平为 0.1

注：括号内的 t 统计量（双尾）已经过公司层面的聚类调整

七、进一步分析：市场对证券分析师盈利预测修正的反应

证券分析师对盈利预测的修正代表着证券分析师对公司未来营利能力和价值变动的判断（Elton et al. 1984），如果这种修正真实地反映了公司的营利能力变化，一个有效的市场会做出强烈的反应。如果问询函制度确实能提升证券分析师盈利预测质量，那么我们预期公司收到年报问询函后，投资者会对证券分析师的盈利预测赋予更大的决策权重，证券分析师盈利预测修正会产生更加显著的市场反应。借鉴Cheng等（2016）的研究，本文建立模型（6）。

$$\text{CAR}=\alpha_0+\alpha_1\text{EFR}+\alpha_2\text{PRE}+\alpha_3\text{EFR}\times\text{PRE}+\text{Controls}+\sum\text{Year}+\sum\text{Industry}+\varepsilon \quad (6)$$

其中，CAR为盈利预测修正发布前后3天累计规模调整的超额收益；证券分析师盈利预测修正（EFR）为该年度的最后一次盈利预测与其之前的盈利预测差额除以修正前一个月末的股价（Clement and Tse 2003）；PRE表示证券分析师是否在公司收到年报问询函后进行盈利预测修正，如果是，PRE取1，否则PRE取0。交乘项PRE × EFR的系数α_3反映了年报问询函对证券分析师盈利预测修正的市场反应的影响。回归结果如表11所示，交乘项PRE × EFR的系数显著为正值，说明收到年报问询函的公司的证券分析师盈利预测修正会引起更强烈的市场反应。

表11　投资者在公司收到年报问询函后对证券分析师盈利预测修正的反应

变量	CAR
EFR	0.031
	（0.73）
PRE × EFR	0.198**
	（2.12）
PRE	0.001
	（0.19）
Controls	控制
Year&Industry	控制
N	7 564
R^2	0.021
F	5.958

**表示显著性水平为 0.05

注：括号内的 t 统计量（双尾）已经过公司层面的聚类调整

八、稳健性检验

（一）改变证券分析师盈利预测质量的衡量方法

借鉴Dhaliwal等（2012）的研究，以所有证券分析师当年最后一个每股盈利预测的均值与公司当年实际每股盈利的差的绝对值除以年初股价衡量证券分析师盈利预测偏差；以所有证券分析师当年最后一个每股盈利预测的均值与公司当年实际每股盈利的差除以年初股价来衡量证券分析师盈利预测乐观度，重复前面的检验。表12的第（1）列和第（2）列列示了回归结果，交乘项CL × POST的系数仍显著为负值，前文的结论依然成立。

表12　稳健性检验

变量	（1）	（2）	（3）	（4）	（5）	（6）
	Ferr	Ferrpos	Ferr	Ferrpos	Ferr	Ferrpos
CL	0.007***	0.008***	0.099***	0.088***	0.025	0.026
	（3.94）	（4.41）	（4.06）	（3.16）	（0.93）	（0.89）
CL×POST	−0.006**	−0.008***	−0.079***	−0.091**	0.033	0.030
	（−2.38）	（−2.87）	（−2.66）	（−2.57）	（1.03）	（0.84）
POST	0.003	0.004*	0.055**	0.053**	−0.036	−0.030
	（1.51）	（1.69）	（2.46）	（2.16）	（−1.59）	（−1.16）
Controls	控制	控制	控制	控制	控制	控制
Year&Industry	控制	控制	控制	控制	控制	控制
N	2 265	2 265	1 035	1 035	1 440	1 440
R^2	0.126	0.089	0.069	0.057	0.071	0.053
F	6.025	4.910	7.017	4.944	2.642	2.193

***、**、*分别表示显著性水平为 0.01、0.05、0.1

注：括号内的 t 统计量（双尾）已经过公司层面的聚类调整

（二）改变PSM的匹配方式

在PSM的匹配中采用1∶4的比例进行匹配，回归结果如表5的第（3）列和第（4）列所示，交乘项CL×POST的系数依旧显著为负值。

（三）缩短时间窗口检验

时间窗口拉长后，可能会导致前述结果受到除年报问询函以外的其他因素的影响，因此，本文进一步将时间窗口缩短，以收函前后一年的观测值为样本进行DID回归，结果如表12第（3）列、第（4）列所示，前述结论依旧成立。

（四）安慰剂检验

将检验区间移至问询函制度实施前的2011~2014年，假设公司均在2013年收到年报问询函，2013年及以后POST=1，2013年之前POST=0。其他变量保持不变，重复主回归检验，结果如表12第（5）列和第（6）列所示，交乘项CL×POST的系数均不显著。

九、结论与启示

本文以2014~2017年沪深A股非金融类上市公司为样本，运用PSM和DID相结合的方法检验年报问询函对证券分析师盈利预测质量的影响。研究发现，相比未收到年报问询函的公司，收到年报问询函的公司的证券分析师盈利预测质量显著上升。机制检验表明，这种效应主要存在于当年报问询函涉及会计规则遵循、收入确认和利润波动、公司经营风险等内容，以及当公司内外部环境监督机制弱和媒体关注度高的情境下，表明问询函制度通过信息效应和监督效应提升了证券分析师盈利预测质量。进一步分析发现，公司收到年报问询函后，证券分析师的盈利预测修正会引发更显著的市场反应，表明市场认识到问询函制度对证券分析师盈利预测质量的促进作用。

本文的研究结论表明，以问询函制度为代表的证券交易所一线监管的制度创新能有效提升资本市场信息中介的信息解读能力，有利于资本市场信息效率提升。同时，本文的研究结论也具有一定的实践意义。本文的结论表明，证券交易所可以通过不断完善问询函制度，充分发挥其事后监管的作用。问询函制度监管要重点关注对公司营利能力和经营风险有重要影响的内容，重点审核内部控制弱、信息披露质量低和审计质量差的公司，并适当引导媒体去“挖掘”公司的违规行为，以提升问询函制度的监管效率；证券分析师作为资本市场的信息中介，应当更加重视证券交易所年报问询函所涉及的内容，关注预测过程中忽视的问题，做出更符合公司实际经营状况的盈利预测，从而提升信息解读质量，优化市场的信息效率；上市公司也应不断完善其公司的内外部治理机制，提高公司的内部控制水平，提升信息披露质量，选择审计质量更高的会计师事务所进行审计。

参 考 文 献

陈硕，张然，陈思. 2018. 证券交易所年报问询函影响了审计收费吗？——基于沪深股市上市公司的经验证据. 经济经纬，35（4）：158-164.

陈运森，邓祎璐，李哲. 2018a. 非处罚性监管具有信息含量吗？——基于问询函的证据. 金融研究，454（4）：159-175.

陈运森，邓祎璐，李哲. 2018b. 非行政处罚性监管能改进审计质量吗？——基于财务报告问询函的证据. 审计研究，（5）：82-88.

陈运森，邓祎璐，李哲. 2019. 证券交易所一线监管的有效性研究：基于财务报告问询函的证据. 管理世界，35（3）：169-185，208.

丁方飞，张宇青. 2012. 基于佣金收入动机的机构投资者盈利预测偏离与股票交易量研究. 金融研究，（2）：196-206.

郭飞，周泳彤. 2018. 交易所年报问询函具有信息含量吗？证券市场导报，312（7）：22-30.

胡奕明，林文雄，王玮璐. 2003. 证券分析师的信息来源、关注域与分析工具. 金融研究，（12）：52-63.

江媛，王治. 2019. 董事会报告可读性、制度环境与分析师预测——来自我国上市公司的经验证据. 财经理论与实践，40（3）：91-96.

姜波，周明山. 2015. 参股基金公司持股与分析师乐观性. 财经研究，41（1）：118-131.

李晓溪，饶品贵，岳衡. 2019a. 年报问询函与管理层业绩预告. 管理世界，35（8）：173-188，192.

李晓溪，杨国超，饶品贵. 2019b. 交易所问询函有监管作用吗？——基于并购重组报告书的文本分析. 经济研究，（5）：181-198.

李钻，施先旺. 2016. 机构投资者佣金分仓与分析师盈余预测. 宏观经济研究，（6）：135-146，159.

林斌，刘善敏. 2012. 上市公司内部控制与证券分析师预测. 当代会计评论，（1）：1-13.

刘柏，卢家锐. 2019. 交易所一线监管能甄别资本市场风险吗？——基于年报问询函的证据. 财经研究，45（7）：45-58.

刘青青，陈宋生. 2019. 暗送秋波：管理层引导与分析师盈余预测误差. 南开管理评论，22（5）：207-224.

刘永泽，高嵩. 2014. 信息披露质量、分析师行业专长与预测准确性——来自我国深市 A 股的经验证据. 会计研究，（12）：60-65.

马德芳，吴祥. 2015. 盈余管理、预期管理与证券分析师预测. 中南财经政法大学学报，（4）：149-156.

聂萍，潘再珍. 2019. 问询函监管与大股东“掏空”——来自沪深交易所年报问询的证据. 审计与经济研究，34（3）：91-103.

陶雄华，曹松威. 2018. 我国证券交易所问询函的公告效应分析. 统计与决策，34（23）：167-170.

王雄元，李岩琼，肖忞. 2017. 年报风险信息披露有助于提高分析师预测准确度吗？会计研究，（10）：37-43.

杨松令，解晰，张伟. 2014. 央企控股上市公司内部控制质量与企业价值关系研究. 经济管理，36（7）：90-99.

伊志宏，王鑫斌，李颖. 2016. 券商规模与分析师盈利预测准确性——基于分析师跳槽的经验证据. 山西财经大学学报，38（1）：36-43.

翟淑萍，王敏. 2019. 非处罚性监管提高了公司业绩预告质量吗——来自财务报告问询函的证据. 山西财经大学学报，41（4）：92-107.

张俊生，汤晓建，李广众. 2018. 预防性监管能够抑制股价崩盘风险吗？——基于交易所年报问询函的研究. 管理科学学报，21（10）：112-126.

张宗新，姚佩怡. 2017. “天赋异禀”、“熟能生巧”还是“日久生情”——基于中国证券分析师预测能力的经验证据. 经济理论与经济管理，（7）：64-76.

周开国，李涛，张燕. 2011. 董事会秘书与信息披露质量. 金融研究，（7）：167-181.

Baldwin J，Hurtt D，Macgregor J. 2013. The relationship between SEC comment letters and subsequent auditor change. Working Paper，Baylor University.

Bozanic Z，Dietrich J R，Johnson B A. 2017. SEC comment letters and firm disclosure. Journal of Accounting and Public Policy，36（5）：337-357.

Brown S V，Tian X，Wu T J. 2018. The spillover effect of SEC comment letters on qualitative corporate disclosure：evidence from the risk factor disclosure. Contemporary Accounting Research，35（2）：622-656.

Bushman R M, Smith A J. 2001. Financial accounting information and corporate governance. Journal of Accounting and Economics, 32（1）: 237-333.

Cao Y, Guan F, Li Z, et al. 2019-03-18. Analysts'beauty and performance. https://papers.ssrn.com/sol3/papers.cfm?abstract_id=3341835.

Cassell C A, Dreher L M, Myers L A. 2013. Reviewing the SEC's review process: 10-K comment letters and the cost of remediation. The Accounting Review, 88（6）: 1875-1908.

Cheng Q, Du F, Wang X, et al. 2016. Seeing is believing: analysts' corporate site visits. Review of Accounting Studies, 21（4）: 1245-1286.

Clement M B, Tse S Y. 2003. Do investors respond to analysts' forecast revisions as if forecast accuracy is all that matters? The Accounting Review, 78（1）: 227-249.

Dhaliwal D S, Radhakrishnan S, Tsang A, et al. 2012. Nonfinancial disclosure and analyst forecast accuracy: international evidence on corporate social responsibility disclosure. The Accounting Review, 87（3）: 723-759.

Elton E J, Gruber M J, Gultekin M. 1984. Professional expectations: accuracy and diagnosis of errors. The Journal of Financial and Quantitative Analysis, 19（4）: 351-363.

Francis J R, Yu M D. 2009. Big4 office size and audit quality. The Accounting Review, 84（5）: 1521-1552.

Gietzmann M B, Isidro H. 2013. Institutional investors' reaction to SEC concerns about IFRS and US GAAP reporting. Journal of Business Finance and Accounting, 40（7~8）: 796-841.

Gu Z, Li Z, Yang Y, et al. 2019. Friends in need are friends indeed: an analysis of social ties between financial analysts and mutual fund managers. The Accounting Review, 94（1）: 153-181.

Heese J, Khan M, Ramanna K. 2017. Is the SEC captured? Evidence from comment-letter reviews. Journal of Accounting and Economics, 64（1）: 98-122.

Johnston R, Petacchi R. 2017. Regulatory oversight of financial reporting: securities and exchange commission comment letters. Contemporary Accounting Research, 34（2）: 1128-1155.

Kim O, Verrecchia R E. 2001. The Relation among disclosure, returns, and trading volume information. The Accounting Review, 76（4）: 633-654.

Kubick T R, Lynch D, Mayberry M, et al. 2016. The effects of regulatory scrutiny on tax avoidance: an examination of SEC comment letters. The Accounting Review, 91（6）: 1751-1780.

Lennox C S. 1999. Audit quality and auditor size: an evaluation of reputation and deep pockets hypotheses. Journal of Business Finance and Accounting, 26（7~8）: 779-804.

Lim T. 2001. Rationality and analysts' forecast bias. The Journal of Finance, 56（1）: 369-385.

Lin H, McNichols M F. 1998. Underwriting relationships, analysts' forecasts and investment recommendations. Journal of Accounting and Economics, 25（1）: 101-127.

Peress J. 2010. Product market competition, insider trading and stock market efficiency. The Journal of Finance, 65（1）: 11-43.

Stickel S E. 1992. Reputation and performance among security analysts. The Journal of Finance, 47（5）: 1811-1836.

Tan H, Wang S, Welker M. 2011. Analyst following and forecast accuracy after mandated IFRS adoptions. Journal of Accounting Research, 49（5）: 1307-1357.

Wang Q. 2016. Determinants of segment disclosure deficiencies and the effect of the SEC comment letter process. Journal of Accounting and Public Policy, 35（2）: 109-133.

Can Front-Line Regulations of Stock Exchanges Improve the Quality of Security Analysts' Earnings Forecasts? Evidence from Inquiry Letters on Annual Reports

Fangfei Ding and Qianqian Liu
Business School of Hunan University, Changsha, Hunan, China 410000

Abstract: Based on a sample of Shanghai and Shenzhen A-share listed companies from 2014 to 2017, this paper employs Propensity Score Matching (PSM) and Difference-in-Difference (DID) methods to examine the effect of inquiry letters on firms' annual reports from stock exchanges on the quality of security analysts' earnings forecasts. Our results show that the quality of security analysts' earnings forecasts improves with inquiry letters. Further investigations reveal that the improvement occurs when the content of inquiry letters is related to the company's accounting compliance status, controversial revenue recognition, profits fluctuations, and operating risk or when the internal and external supervision mechanisms of the company are weak and the media attention is high. These results suggest that in addition to exerting heightened supervision the inquiry letter system increases the quality of security analysts' forecasts through extracting additional information. Moreover, after a company receives an inquiry letter, its analysts' earnings forecast revisions induce significant market reactions, confirming that valuable information is extracted by the inquiry letter. Our results suggest that the front-line regulations of stock exchanges, as represented by the inquiry letter system, serve as not only a supervision mechanism but also a channel for the market participants, particularly security analysts, to extract valuable information, thereby improving the market efficiency.

Keywords: inquiry letter on annual reports; security analysts; the quality of earnings forecasts.

当代会计评论
第12卷第4辑
2019年

Contemporary Accounting Review
Vol.12 No.4
2019

政府研发补助与企业研发投入：一个基于权变理论的分析框架*

陈旻　黄欣洁
（集美大学财经学院，福建 厦门 361021）

【摘要】 研发的不确定性及技术溢出的外部性特征导致的市场失灵，需要政府的适时干预，对企业研发活动进行有效的补助。然而，政府研发补助政策效应的研究未能得到一致的结论。本文借鉴权变理论（contingency theory）的思路，引入创新风险作为权变因子，将政府研发补助政策效应视为政府研发补助、企业特征与创新风险的耦合效应。本文构建基于权变理论的政府研发补助政策效应分析框架，较好地解释了政府研发补助政策效应的复杂性，为未来完善政府研发补助政策提供思路。

【关键词】 政府研发补助　研发投入　政策效应　权变理论

一、引　　言

从2015年的“互联网+”和《中国制造2025》计划，到2019年政府工作报告首提“智能+”概念，无不强调科技创新的重要性，视创新为国家转变发展模式的驱动战略。作为微观经济细胞，企业是社会经济发展的重要支柱，其自主创新研发对我国实施创新驱动发展战略具有重要意义。然而，企业的研发活动不仅投入大、周期长，而且研发结果不确定，研发成果的技术溢出还具有公共物品外部性特征。当市场机制失灵，企业研发投入往往难以达到最优水平，因而需要政府的适时干预。政府补助企业研发旨在为企业研发活动提供缓冲地带，从而激励企业的研发投入。

---

* 陈旻，副教授，E-mail：janechm@jmu.edu.cn；黄欣洁，博士，E-mail：1289256020@qq.com。本文受到国家社会科学基金项目“财务报告目标、会计信息功能与资本市场适应性研究”（17BGL067）和福建省中青年教师教育科研项目“战略新兴视角下福建省生物产业融资估值研究”（JAS160252）的资助。

关于政府研发补助是否真正地推动了企业的研发投入，学术界尚未统一观点。纵观现有研究，政府研发补助对企业研发投入的影响主要存在挤入效应（crowd-in）、挤出效应（crowd- out）、双重效应三种观点。对文献研究设计进行的分析，亦未能为诸多研究结论的差异找到症结所在。管理学的权变理论曾较为妥善地解决了领导有效性的复杂性问题。本文借鉴权变理论的思路，构建引入权变因子的政府研发补助政策效应分析框架。笔者认为，政府研发补助政策效应是政府研发补助、企业特征与创新风险的权变耦合效应。权变分析框架可以较好地解释政府研发补助政策效应的复杂性，为未来完善政府研发补助政策提供思路。

二、政府补助企业研发的机制分析

（一）政府补助企业研发的背景

1. 经济背景

从2015年的“互联网+”，到2019年政府工作报告首提“智能+”，都是为了培育新的经济增长点，打造经济增长新引擎。知识经济时代浪潮中，科技创新是引领社会经济发展的第一动力。研发活动作为创新的原动力，日益受到各国的重视。早在2015年，美国全社会研发经费占GDP（国内生产总值）比重已达2.74%，德国达2.93%，日本达3.29%，韩国达4.23%（National Science Board 2018）。相比而言，该比重在我国从2015年的2.07%提高到2018年的2.19%，仍有相当大的差距。发达国家凭借经济、科技等方面的优势，在国际竞争、科技领域长期占据着领先乃至垄断地位。发展中国家若要跟上发达国家的脚步，就必须加大科技创新研发投入。

2. 制度背景

我国“十一五”期间部署实施了《国家中长期科学和技术发展规划纲要》，明确了建设创新型国家的奋斗目标。“十二五”期间，我国提出了“实施创新驱动发展战略”，印发了《国家战略性新兴产业发展规划》，培育并发展节能环保、高端装备制造、新兴信息技术、新能源、新材料等战略性新兴产业。“十三五”开局以来我国发布了《国家创新驱动发展战略纲要》《“十三五”国家科技创新规划》，为落实创新驱动发展战略进行顶层设计。为充分发挥科技创新对社会经济发展的引领作用，我国政府不断加大对企业的资助，支持企业开展科技创新活动。

2015年我国提出的《中国制造2025》触动了美国的神经。在2018年以来的中美贸易争端中，美国横加指责我国政府的产业补助政策有失市场公平。如图1所示，1953~1978年长达26年的时间里，美国全社会研发经费中政府资金所占比例均超过50%，之后又用了20多年时间才降到30%以下，成为企业主导型的创新型社会（National

Science Board 2018）。1983年三分之一的美国企业研发受到美国联邦政府的资助（Lichtenberg 1987）。如表1所示，2011年我国政府资金占全社会研发经费支出总额的比重首次降到50%以下，而且基本呈逐年下降的趋势，截至2018年维持在40%左右[①]，正处于由政府主导型到企业主导型的过渡阶段。

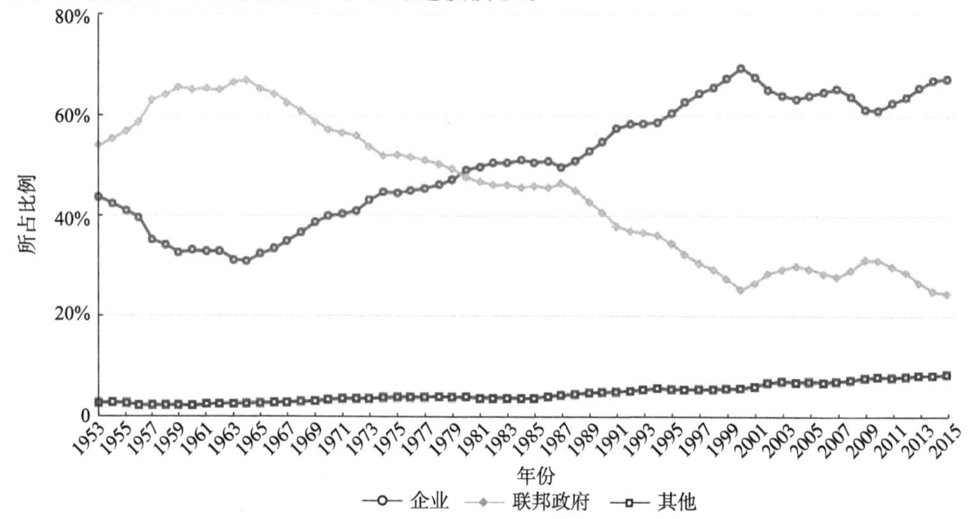

图1 美国研发经费来源结构（1953~2015年）

表1 我国社会研发经费支出及政府资金占全社会研发经费支出总额的比重

年份	全社会研究与试验发展经费支出/亿元	国家财政科学技术支出/亿元	政府资金占全社会研发经费支出总额的比重
2007	3 710	2 136	58%
2008	4 616	2 611	57%
2009	5 802	3 277	56%
2010	7 063	4 197	59%
2011	8 687	3 828	44%
2012	10 298	4 453	43%
2013	11 847	5 084	43%
2014	13 016	5 315	41%
2015	14 170	5 863	41%
2016	15 677	6 564	42%
2017	17 606	7 267	41%
2018	19 657	8 322	42%

资料来源：国家统计局网站

（二）政府研发补助政策的理论基础

1. 市场失灵理论与产业经济学

研发活动是科技创新重要的驱动力，研发投入是高风险的投资。企业研发活动耗费大量资金、人力，研发周期长，研发成败高度不确定。研发过程严格保密、信息不对称

① 2007年我国实施财政收支科目改革，首次披露“国家财政科学技术支出”数据。

使得企业难以获得外部融资。研发成果具有的外部性、非排他性无法阻止他人的模仿和抄袭，难免造成企业研发投入回报不理想，导致企业研发积极性不高，进而表现为社会总体研发投入不足。如果任凭企业按自身意愿发展，只靠市场配置资金支持研发活动，往往导致研发支出水平低于社会最优水平（Arrow 1962）。为解决研发投入市场失灵问题，实现社会资源的优化配置，政府需要进行合理、有效的干预，以弥补市场缺陷。

市场失灵理论是产业政策的理论依据。第二次世界大战后日本通过规划产业发展目标、确定战略产业、优化产业发展序列，并以政府的经济计划、经济立法、经济措施扶植战略产业成长，带动了日本经济起飞。日本经济的迅速振兴并接近欧美发达国家水平，被认为是有效实施产业政策的结果。对日本经济奇迹的研究产生了产业经济学丰硕的成果。

2. 国家创新体系理论

英国经济学家弗里曼将技术创新视为经济增长的主要动力，强调产业科技政策对技术创新的刺激作用。弗里曼在研究日本经济起飞的专著中率先使用“国家创新系统”（national innovation systems）概念（Freeman 1987）。美国经济学家纳尔逊研究了日本、韩国等地区的技术腾飞，也强调了“国家创新系统”作为支持技术创新的机构和机制的重要性（Nelson 1993）。迄今为止，仍未有广泛认同的“国家创新系统”的定义。国内一般认为，国家创新体系，是以政府为主导、充分发挥市场配置资源的基础性作用、各类科技创新主体紧密联系和有效互动的社会体系。

国家创新体系主要功能是优化创新资源配置，协调国家的创新活动。国家创新体系在制度设计上既包括产业科技政策设计，也涉及企业、大学及科研机构之间的资源配置。20世纪90年代以后，“国家创新系统”成为各国推进科技进步、经济与社会全面发展的政策工具。

（三）政府研发补助的方式

除了少数非货币性资产形式的补助，政府研发补助通常以货币性资产形式并通过三大传统方式实现：财政拨款、财政贴息和税收优惠。然而，一次性的无偿拨付的前补助政策缺乏事后监督，政府研发补助的效果难以达到预期（张兴龙等 2014）。传统的政府研发补助行政化、计划性色彩比较浓厚，容易发生“寻租”现象，资源配置有失公允，导致资源浪费。有政治关联的企业更容易获得政府研发补助，但政治关联易导致政府研发补助资金的低效运作（郭剑花和杜兴强 2011）。

近年来，政府研发补助逐渐呈现后补助、普惠性补助的趋势。事前立项、事后补助，奖励性后补助，共享服务后补助等形式多样的后补助政策，强化了企业的技术创新主体地位。惠及有创新需求的中小企业的科技创新券（innovation vouchers）、研发费用加计抵扣所得税等普惠性补助，打破了部门、单位、所有制的界限，转变了财政支持企业创新的方式，优化了科技资源配置机制。

三、政府研发补助政策效应研究的复杂性

（一）政府研发补助政策效应研究结论的复杂性

梳理相关文献，我们发现关于政府研发补助政策效应研究的结论存在很大分歧，主要分为挤入效应、挤出效应和双重效应三类观点。

制约企业自主研发投入的因素很多，包括大量的资金投入、巨大的失败风险、研发技术溢出和知识溢出等。当技术创新市场供求出现问题，会刺激政府伸出援助之手。政府研发补助政策有利于降低投资不足、研发风险等，企业会重新评估研发项目的可行性，从而促进企业研发投入，产生挤入效应（也称诱导效应、激励效应）。Levy和Terleckyj（1983）以美国企业，Carboni（2011）以意大利企业，Hussinger（2008）、Czarnitzki和Lopes-Bento（2014）以德国企业，Choi和Lee（2017）以韩国企业为样本，研究认为政府财政补助对企业的研发投入有显著的促进作用。国内学者以高新技术企业（朱云欢和张明喜 2010）、创业板企业（饶萍 2018）、全部A股上市公司（解维敏等 2009，白俊红 2011，朱永明等 2018）为研究对象，证实政府研发补助与企业的研发支出呈正相关关系，政府研发补助能够激励企业对科研创新的投入力度。

当具有独立研发财务实力的企业接受政府研发补助时，企业很可能将原计划的研发投入部分由政府研发补助资金替代，从而产生挤出效应。Carmichael（1981）以美国交通运输业、Higgins和Link（2013）以美国制造业、Marino等（2016）以法国企业数据为样本，研究认为政府财政补助对企业的研发投入呈现挤出效应。Guerzoni和Raiteri（2015）以欧盟、挪威和瑞士企业数据为样本，Dumont（2017）以比利时企业数据为样本，研究多种政策混合搭配效应，发现企业接受多种政策扶持时，政府财政补助政策的有效性会大打折扣。国内也有不少学者研究验证了政府研发补助对企业研发投入的挤出效应（孙维章和干胜道 2014，杨晔等 2015）。

除了挤入效应、挤出效应，不少学者认为政府研发补助与企业研发投入之间呈现双重效应。国内外不少学者研究认为，政府研发补助存在区间效应，在适当的范围内政府研发补助会促进企业研发投入，当补助超出一定范围，政府研发补助反而替代了企业研发资金，呈倒U形关系。有研究表明，在不同的政府研发补助方式下政府研发补助政策呈现不同效应。在经济合作与发展组织成员中，直接财政补助与税收优惠对研发投入均有激励作用，但两者的影响此消彼长（Guellec and Pottelsberghe 2003）。企业的区域分布对政府研发补助存在不同影响（肖丁丁等 2013）。在外源融资中，政府研发补助对研发投入有显著的促进作用，而对债权融资有明显的挤出效应（张彩江和陈璐 2016）。

（二）研究设计差异分析无法找到研究结论复杂化的症结

梳理现有文献，大部分文献以企业数据为样本，有小部分文献以省际面板数据、国家层面面板数据为研究对象，研究方法中应用最多的仍然还是普通最小二乘（ordinary least square，OLS）法。然而，OLS模型的无偏性假设不利于解决政策评估研究选择性偏误（selection bias）问题，后补助方式还导致政府研发补助与企业研发投入之间存在潜在内生性问题。为了控制选择性偏误，解决内生性问题，广义最小二乘（generalized least square，GLS）法、广义矩估计（generalized method of moments，GMM）、倾向得分匹配（propensity score matching，PSM）法、门槛回归法等计量方法被广泛采用。各种研究方法下均有文献得到挤入效应、挤出效应和双重效应的研究结论。

四、领导有效性权变理论及其借鉴

现有文献的研究结论存在诸多差异，说明政府研发补助政策效应研究的复杂性。管理学在研究领导有效性时也碰到了类似的问题。管理学的权变理论较好地解释了领导如何实现有效性的问题。于是，本文尝试借鉴管理学的权变理论构建理论分析框架，试图破解政府研发补助政策效应研究的复杂性。

（一）领导有效性的权变理论

20世纪60年代，为了解释不同领导情境下领导行为后果的多样性，领导有效性研究形成了菲德勒权变理论、豪斯路径—目标理论（path-goal theory）、领导生命周期理论（life cycle theory of leadership）等权变理论。权变理论认为，没有一成不变、普遍适用的领导方式，组织应因地制宜地选择不同的领导方式。

1. 菲德勒权变理论

菲德勒提出并论证了领导有效性是领导与情境交互作用的函数（a function of the leader×situation interaction）的著名论断（Fiedler 1978），是公认的权变领导理论的创立者。权变模型中，菲德勒将领导风格分为任务导向（task-oriented）或人本导向（people-oriented）两种，以有利程度（degree of favorableness）衡量的情境是模型最大的变数。情境有利程度受制于领导关系、任务结构及职位权力三个因素。具体来说，若领导者受尊敬程度高、任务高度结构化（即可描述及有程式化的运作方式），且领导者职位权力正式且稳固，组织情境对领导者是有利的。反之，组织情境对领导者不利。根据菲德勒权变理论，在有利的组织情境中任务导向的领导风格更有效，在不利的组织情境中人本导向的领导风格更有效。

菲德勒权变模型引入情境变量，将领导风格和组织情境两者相联系，更适合用于解释领导行为的多样性及其有效性。菲德勒认为，领导风格形成后短时间内不会轻易改变，应该根据不同的组织情境选用不同风格的领导者。菲德勒权变理论对于如何选拔领导者和任用领导者具有现实指导的意义，从而引发一系列研究。

2. 豪斯路径—目标理论

继菲德勒权变理论之后，20世纪70年代初的豪斯路径—目标理论解释了领导行为对下属满意度、激励和业绩的影响（House 1971）。领导行为之所以有效，是因为在特定情境中，其行为能帮助下属更好地完成和工作有关的目标。豪斯路径—目标理论的核心是要求领导者以人文关怀激励下属，帮助下属扫清达成目标的阻碍，更好地实现工作目标。豪斯路径—目标理论认为领导行为是一种激励下属的过程，领导激励方式应与不同的下属和环境相匹配，相应的有四种领导方式：指导型领导方式、支持型领导方式、参与型领导方式和成就取向型领导方式。领导者可根据不同的情境和下属的个人特点选用不同的领导方式。

相较于菲德勒权变理论，豪斯加入了被领导者个人特征，即被领导者的个人特征和组织环境特征共同决定了下属对各种领导方式的知觉，而正是下属对领导方式的知觉影响了他们的满意度、角色和目标清晰度及随后的绩效表现。

3. 领导生命周期理论

领导生命周期理论由美国心理学家卡曼首先提出（Korman 1966），后来由赫西和布兰查德共同创立（Hersey and Blanchard 1969）。领导生命周期理论认为领导者的行为模式要与下属的成熟度相适应，即随着下属的成熟度的变化，领导者的领导方式也应做相应的改变。领导生命周期理论也区分了指导式、参与式、推销式和授权式四种主要的领导方式。

区别于豪斯路径—目标理论，领导生命周期理论强调的是下属的成熟度。下属的成熟度是指工作成熟度和心理成熟度，包括成就感、自信心、工作经验和教育背景等。领导生命周期理论把领导方式和下属的行为通过成熟度联系起来，面对不同的下属成熟度，领导者应采用不同的领导方式。

（二）权变理论的借鉴

综合菲德勒权变理论、豪斯路径—目标理论、领导生命周期理论的观点，领导有效性可视为取决于领导者、被领导者和组织情境三者的耦合关系，即领导有效性是领导者、被领导者和组织情境三个变量的函数。被领导者特质、组织情境千差万别，因而不存在一种普遍适用的领导方式或领导风格，领导者应根据被领导者特质随机应变，及时调整领导方式，提出可行的方案以充分应对组织情境变化时的冲击，从而使领导更加有效，组织发展更加平稳。权变即相机而变，强调领导者应根据被领导者、组织情境的不同采取不同的对策。

市场经济体制改革中，我国政府努力转变职能，在资源配置中减少政府干预，让位于市场主导。但市场机制并非万能的，产业政策是针对资源分配的“市场失灵”而采取的对策（小宫隆太郎 1984）。政府研发补助政策正是政府为了解决研发投入市场失灵问题，而尝试进行的干预，以引导资源优化配置。实施政府研发补助政策，政府与企业间的互动是一种间接引导调控的模式，比上下级直接领导关系更为复杂。研究政府研发补助政策的有效性，除了考虑政府研发补助方式的差异、企业特质的差异，研发情境因素更不可忽略。

现有文献已经涉及政府研发补助与企业特质相互影响，尚未有文献探讨政府研发补助与研发情境的交互影响。本文尝试探讨引入以创新风险表征研发情境的权变因子，构建政府研发补助政策效应的权变理论分析框架，将政府研发补助政策效应视为政府研发补助、企业特征和创新风险三个因素的耦合结果。

五、政府研发补助政策效应分析框架的权变因子

企业研发投入的绩效具有时滞性，研发路径的选择具有多重性，研发目标的达成具有不确定性，研发成果创新效益具有外溢性，种种因素导致企业研发投入具有高度创新风险。如果政府研发补助能显著降低企业创新风险，企业研发投入意愿就将被有效激发起来。创新风险是在创新活动过程中由技术创新过程本身、组织自身局限及外部环境不确定性造成的（陈玉和等 2007）。为构建政府研发补助政策效应的分析框架，本文引入以技术风险、组织风险和环境风险三维度分析的创新风险作为权变因子，如图2所示。

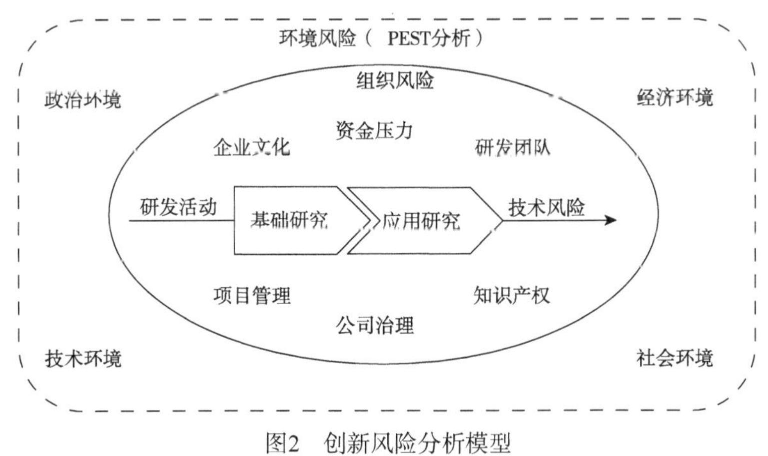

图2 创新风险分析模型

（一）技术风险

科学研究按其性质与目的一般分为基础研究（basic research）和应用研究（applied research）。基础研究与应用研究面临的技术风险有显著差异。

基础研究是指以探索和认识事物本质特征、基本规律及发展趋势为目的的学理性研究。基础研究成果不但能扩大科学探索领域，提高应用研究的理论水平，而且对于科技发展与进步具有导向作用。但基础研究成功率较低，某些基础研究更是属于没有明确商业目的的自由探索。因此，基础研究周期长、投入大、前景不明朗，技术风险高。

应用研究是指运用基础研究成果和有关知识创造新产品、新方法、新技术、新材料的对策性研究，具有特定的应用目标。应用研究到后期进入技术开发阶段后，可以把研究成果直接用于生产实践，实现商业化应用。正是由于技术开发阶段的研发具有较明朗的商业应用前景，会计上才允许将符合一定条件的开发阶段的研发支出予以资本化。应用研究步入技术开发阶段后，技术知识含量越高、技术越难模仿、技术适用度越高、技术兼容度越高、技术前景越好，技术风险越小（郑彦宁和张丽玮 2014）。

（二）组织风险

资本、土地和劳动力是三大基本生产要素。在知识经济时代，资本与劳动力是企业化解创新风险至关重要的两大抓手。融资困难与人才匮乏是中小企业在技术创新时面临的重大障碍（郑大勇等 2006，尹作亮 2012）。技术创新研发需要投入大量资金，电子信息、共享经济、智能制造等新兴行业的迅猛发展，几乎都离不开资本市场的参与。中国的风险投资业起步较晚，尚存规模偏小、投资退出机制不完善等诸多问题，难以满足创新企业的融资需求。融资约束越强的企业对自身的资金越依赖，难免出现无法保证研发所需资金供给的状况。

创新驱动战略背景下，人才是第一资源，高科技人才是技术创新的源泉。高效运作的研发团队是提升企业、区域和国家竞争实力的组织保证。在研发团队内部，学术带头人与团队成员的知识储备、知识结构、学科背景之间的差异会影响成员之间的知识交流、知识共享和知识整合。基于长期合作的基础，拥有出色的学术带头人并形成结构合理的学术梯队，具备较强的科研能力和较好的研发条件，孕育形成优良的科研文化，构建健全的规章制度和高效的运行机制，是形成优秀团队的重要条件（刘云等 2018）。企业应组建完备的人才团队，形成合理的人才梯队，建立完善的人才队伍约束和激励机制，谨防人才流失、技术泄露等。

在企业的动态组织管理中，还有其他众多组织层面因素的不确定性可能导致技术创新失败。防范及规避组织层面的创新风险，企业需要技术、财务、管理、法律等多方面的知识储备及整合，任何一方面知识的欠缺均有可能导致创新失败（陈玉和等 2007）。在缺乏变革、创新意识的企业文化氛围中，员工路径依赖严重，组织惰性大，可能导致企业技术创新阻力重重。企业治理不健全、组织架构僵化，可能导致企业无法及时调配研发活动所需的各种资源。研发项目过程管理包括立项审批、过程跟踪、成果验收、开发保护、事后评估等阶段，抓好研发过程每个阶段的风险管理方能有效保证研发项目的成功率（Wang et al. 2010）。“产学研”合作中未明确合作成果的知识产权归属，可能导致各权利人之间出现知识产权纠纷的风险。研发成果未及时申请专利保护，可能会遭受技术剽窃，丧失技术话语权。

（三）环境风险

组织处在一个开放的系统中，与环境互动。根据PEST分析法，政治（political）、经济（economic）、社会（social）和技术（technological）是影响企业外部环境的四大风险因素。

政治环境方面，国际关系走向、宏观政策调控、产业政策调整、法律法规变化等因素都会对研发项目的运作环境产生重大影响。中美贸易争端期间，美国政府一度禁止美国企业向中兴通讯股份有限公司、华为技术有限公司销售技术敏感产品，两家企业的反应截然不同。中兴通讯股份有限公司核心零部件供应链断裂，技术软肋被卡，毫无招架之力，几近面临灭顶之灾；华为技术有限公司经多年技术研发储备，亮出麒麟芯片、鸿蒙系统，见招拆招，不轻易受制于人。2008年金融危机以来，制造业空心化的弊端引发欧美发达国家的高度重视，这些国家纷纷实施"再工业化战略"，力图重振制造业，重塑国际产业分工格局。中国制造业企业若不能及时转型升级，实现跨越发展，很有可能再次被边缘化为时代落伍者。

经济环境方面，经济发展水平、市场成熟程度、行业竞争结构等因素决定了创新技术成果转化的商业前景。不同经济发展水平下，消费者消费偏好、预算约束决定了不同层次的市场需求。新产品、新服务的推出和市场有效需求若不同步，将导致新技术产品的接受度风险。VR（virtual reality，虚拟现实）行业经历了爆红到爆冷的大起大落后，未能获得大众消费者认可，目前正处在一个非常尴尬的境地。新技术产品一旦为市场所认可，行业中既有竞争对手的规模、顾客及供应商的议价能力、潜在进入者的威胁、替代产品的压力将引致激烈的行业竞争风险。

社会环境方面，人口规模、教育程度、价值观念、道德水平等因素影响社会公众对技术创新产品的评判。科技发展使人类对自然环境的影响广度、深度不断扩大，可能因此加重资源枯竭和环境污染等问题。当科研领域的伦理讨论不充分，科研人员不遵守和敬畏伦理准则、社会道德时，科研项目可能失控，导致不可预知、难以研判的风险。2018年基因编辑婴儿在深圳诞生后引起轩然大波，其伦理和安全争议引发中国超过百名科学家的联名谴责，就是一个典型的例子。

技术环境方面，技术发展趋势、行业技术壁垒、知识产权保护等因素对研发项目成果独占性产生重要影响。近半个世纪以来，科学技术领域的变化日新月异。从信息化到数字化、从"互联网+"到"智能+"，技术更新迭代深刻地改变着人们的生活和工作方式。竞争对手、替代产品的各种突破性创新瞬间改变市场竞争格局。企业若无法突破行业技术壁垒，紧跟技术发展潮流，必将为时代所抛弃。研发成果的公共属性使其知识产权在竞争市场上易受侵犯，新技术、新产品容易被模仿，将导致技术创新企业利益受损。知识产权保护已成为维护国际经济秩序的战略制高点。

六、政府研发补助政策的权变耦合效应

（一）政府研发补助与企业特征

已有不少文献涉及政府研发补助与企业特征的相互影响。不同的政府研发补助方式相互影响，企业享有研发税收优惠可能会降低政府直接财政补助的概率（Hægeland and Møen 2007），甚至可能呈现此消彼长的政策效果（Guellec and Pottelsberghe 2003）。黄良文等（2011）研究认为，当税收优惠较高，或税收优惠不高且研发技术溢出水平比较低时，可鼓励企业进行独立研发投入；当税收优惠不高且研发技术溢出水平比较高时，则应鼓励企业进行研发合作。

产权特征、行业属性、内部控制及外部环境会显著影响创新补助的激励效应（李万福等 2017）。企业政治关联尽管能带来更多的政府研发补助，但政治关联程度会削弱政府研发补助的激励作用（余菲菲和钱超 2017），反而会削弱企业的研发创新能力（逯东等 2012）。政府研发补助对于初创期、衰退期企业的研发支出呈现挤入效应，而对于成熟期企业的研发投入不存在挤入效应或挤出效应（熊和平等 2016）。

本文进一步引入创新风险的权变因子，构建政府研发补助政策效应的分析框架，通过分析政府研发补助、企业特征与创新风险的权变耦合效应，能较好地解释政府研发补助政策效应的复杂性（图3）。

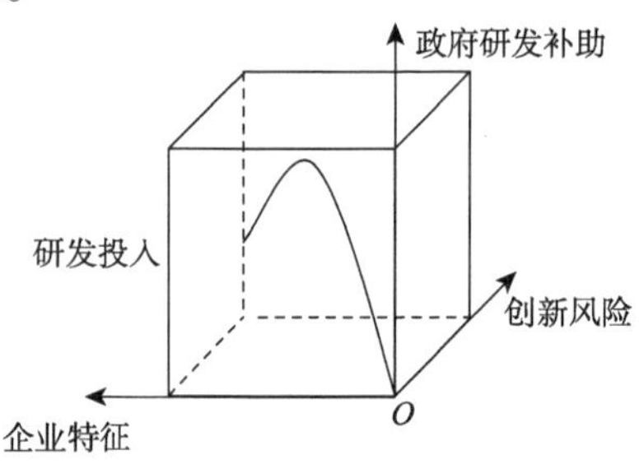

图3 政府研发补助政策效应的权变模型

（二）政府研发补助与创新风险耦合效应

政府研发补助通过降低研发创新风险，激发企业研发投入动力，才能成为一种有效的补充；而在创新风险较小的领域，政府研发补助则可能对研发投入产生挤出效应。很多文献研究结果体现了不同维度的政府研发补助与创新风险耦合效应对研发投入产生差异化的影响。

1. 政府研发补助与创新技术风险

基础研究技术风险高，政府对基础研究的补助有助于降低创新技术风险。我国部署的《国家基础研究发展“十二五”专项规划》，推动了基础研究的繁荣发展，“十二五”期间成为我国基础研究发展的重要战略机遇期。政府对基础研究的补助对研发投入具有促进作用，而对开发研究的补贴具有挤出效应（Clausen 2009）。

除了基础研究，各国政府均高度重视为战略新兴产业的科技创新研发提供政策支持。战略新兴产业是尚处于成长初期，代表未来科技和产业发展新方向，对经济社会具有全局带动和重大引领作用的产业。美国能源部的能源高级研究项目（Advanced Research Projects Agency-Energy，ARPA-E）就为处于萌芽期、不适合企业投入，但具有巨大发展潜力、广泛影响力的能源技术研究提供资金、技术援助与市场开发等方面的协助。政府补助战略新兴产业研发，旨在降低基础研究的风险，扶持关键产业发展，掌握前沿科技动态。

2. 政府研发补助与创新组织风险

政府研发补助能缓解企业创新过程中面临的融资约束，有助于化解组织风险。然而，必须辩证地把握政府研发补助的度，否则会过犹不及，造成资源浪费。关注政府补助强度视角的研究认为，政府研发补助对企业研发的影响存在区间效应。小额补助能促进企业的研发投入，但超过一定阈值后，大额补助则产生挤出效应，呈倒U形关系（Görg and Strobl 2007，程华和赵祥 2008）。研发活动从立项审批到成果验收及保护经历多个阶段，研发投入周期长。持续性不确定的一次性财政拨款无法真正缓解企业资金短缺问题，难以激励企业追加研发投入（Guellec and Pottelsberghe 2003）。税收优惠政策的普惠性和持续性均高于财政补贴，尤其对比一次性的财政拨款。税收优惠与财政补贴相比，前者对企业的研发活动促进作用更明显（朱云欢和张明喜 2010）。

经济增长动能的转换凸显高素质人才的重要性，创新驱动发展战略的实施直接导致“人才争夺战”一触即发。人才大战已经由企业间的人才竞争升级到区域间的人才争夺，各地大幅精简引进人才手续，深圳甚至出台《深圳市在职人才引进和落户“秒批”工作方案》。各大城市开出丰厚的补贴条件帮助当地企业招揽人才。上海为“千人计划”创业人才提供安家补贴、购房补贴、创业补贴、研发补贴等资助；深圳为海外高层次海外留学人才（孔雀计划）提供上百万元的补贴；北京对特聘专家、创新创业进行资助，并建立业绩贡献奖、建言献策奖等奖励机制。

政府研发补助政策有助于化解企业资金、人才方面的难题。然而，在政府职能转变、政企分离的背景下，政府应该把微观主体的经济活动交给市场调节。在应该由市场机制发挥资源配置功能的地方，政府不应该瞎指挥。政府不宜过多地干预企业内部的经营管理，诸如指定研发技术路线、产品方案等。日本通产省犯的最大的错误就是研制高清晰电视的决断，结果被美国的数字式电视技术超越了一个时代（吴敬琏 2009）。

3. 政府研发补助与创新环境风险

政府把经济决策权归还给市场主体的同时，应该着力于为各类市场主体提供自由竞争、公平交易的市场环境。企业所处地区的治理环境对企业研发活动有显著的正面影响，政府干预越少、寻租空间越小，企业越倾向于进行研发活动，研发投入强度也随之提高

（顾元媛和沈坤荣 2012）。国际竞争中，不允许政府补贴企业成本或价格，但世界贸易组织允许各国对本国企业进行绿地补贴（green subsidy），如研发补贴、环保补贴等。政府研发补助政策是创新驱动发展战略顶层设计框架下的产业扶持政策的落地，体现了财政资金的资源倾斜配置。政府研发补助政策的实施本身就主动为产业发展扫清了政策障碍，降低了宏观政策调控风险。

研发成果的外部性无法排他独占，竞争对手的模仿与抄袭降低了企业研发投入的回报。在一定时期内保护知识产权，能够维持企业在一定时期内的技术垄断地位，提高研发投入回报，从而激励企业加大研发投入。完善知识产权保护制度有助于降低创新环境风险，政府研发补助政策的激励效应得以被动提升。知识产权保护制度完善程度越弱的地区，政府创新补贴政策越能促进企业研发的提升（张杰等 2015）。加强知识产权保护对企业技术创新是长期激励效应，比短期政府研发补助更重要（张鸿武和张春平 2016）。

（三）政府研发补助、企业特征与创新风险耦合效应

企业面临高技术风险研发项目、受到强融资约束、科研人员不足时，政府研发补助能适当降低创新风险，对研发投入是一种有效的补充，能激发企业的研发投入和创新意愿。政府研发补助政策效应很大程度上受企业特质的差异影响，尤其不同股权、不同规模、不同时期的企业遭遇融资约束与人才匮乏困境的可能性差别很大。

由于中国资本市场的二元属性，股权性质差异一直是研究热点。民营企业的成长必须克服先天不足、基础薄弱的劣势，且难以承受创新失败的后果。政府对民营企业进行研发补助，好比给民营企业打了一剂强心针，对化解创新组织风险更能起到立竿见影的效果，能有效激发民营企业的研发投入。与民营企业相比，国有企业经营业绩压力相对较小，但承担了很多超越商业利益的社会责任，如维稳保就业、帮扶助脱贫等。因为与政府天然的“血缘”关系，国有企业具有相对较高的商业信用，其融资渠道更广，更容易获得政府的资源倾斜，包括政府研发补助。但也有研究者认为，政府对国有企业的偏好反而产生负面影响，政府研发补助对国有企业的效果并没有民营企业明显（张兴龙等 2014，白俊红 2011）。

融资难和招人难是中小企业最棘手的问题，政府对中小企业进行研发补助，恰逢其时。关注企业规模差异对政府研发补助政策实施效果影响的文献中，Koga（2003）认为企业规模越大政府研发补助效果越好，孙维章和干胜道（2014）认为企业规模越大政府研发补助效果越差。究其原因，大企业面临的融资约束、人才短缺的困境远远没有中小企业窘迫，政府研发补助反而有可能对大企业研发投入产生挤出效应。

初创期的企业规模小、投入大，收入不稳定，经营风险大，生存是核心目标，该时期企业顾不上制度建设，也谈不上研发创新。成长期的企业经过原始积累具有一定的营业额和规模，初步规范化管理。但逆水行舟，成长期的企业必须突破融资约束和人才匮乏的瓶颈，通过研发塑造企业核心竞争力，实现可持续增长。成熟期的企业增速放缓，商业模式定型，资金充裕，研发团队稳定。衰退期的企业产品过时，市场萎缩，财务状况恶化，通过产品迭代找到新的增长点迫在眉睫。政府对初创期、衰退期的企业研发活

动进行资助，能有效化解研发创新的组织风险。有研究证实，政府研发补助对初创期、衰退期的企业的研发投入呈现挤入效应，而对于成熟期的企业的研发投入不存在挤入效应或呈现挤出效应（熊和平等 2016）。

七、总结与讨论

加大研发创新活动才能加快建成创新型国家。由于企业技术研发与创新活动具有技术溢出、公用物品属性等特质，企业研发投入热情不高时，政府需采取必要的政策和措施进行干预。综合国内外学者的研究，发现现有文献中政府研发补助对企业研发投入的政策效应的研究结论并不一致，主要有挤入效应、挤出效应和双重效应三种。分析文献研究设计差异，也未能为政府研发补助政策效应的多样性找到症结所在。

借鉴管理学将领导有效性视为领导者、被领导者和组织情境三者的耦合效应的权变理论，本文引入以技术风险、组织风险和环境风险三个维度分析的创新风险作为权变因子，将政府研发补助政策效应视为政府研发补助、企业特征与创新风险的耦合效应。政府研发补助若能显著降低企业的创新风险，将有效地激发企业进行研发投入；反之，若企业面临的创新风险不大，政府研发补助则可能对企业研发投入产生挤出效应。本文的贡献在于：首先，通过分析政府研发补助、企业特征与创新风险的耦合效应，权变分析框架可以较好地解释现有政府研发补助政策效应研究结论不一致的原因；其次，研究结论对于未来确定政府研发补助对象具有重要的指导意义。当然，本文的权变分析框架的构建还只是一种理论讨论与推演，各个因素之间的联动机理仍然需要深入分析论证，并且需要后续进一步的经验证据的检验。

参 考 文 献

白俊红. 2011. 中国的政府 R&D 资助有效吗？来自大中型工业企业的经验证据. 经济学（季刊），（4）：1375-1400.

陈玉和，白俊红，尚芳，等. 2007. 技术创新风险分析的三维模型. 中国软科学，（5）：130-132.

程华，赵祥. 2008. 企业规模、研发强度、资助强度与政府科技资助的绩效关系研究——基于浙江民营科技企业的实证研究. 科研管理，（2）：37-43.

顾元媛，沈坤荣. 2012. 地方政府行为与企业研发投入——基于中国省际面板数据的实证分析. 中国工业经济，（10）：77-88.

郭剑花，杜兴强. 2011. 政治联系、预算软约束与政府补助的配置效率——基于中国民营上市公司的经验研究. 金融研究，（2）：114-128.

黄良文，洪琳琳，肖虹. 2011. R&D 投资的政府财税激励政策博弈分析：合作与竞争. 当代会计评论，4（1）：58-67.

李万福，杜静，张怀. 2017. 创新补助究竟有没有激励企业创新自主投资——来自中国上市公司的新证据. 金融研究，（10）：130-145.

刘云，王刚波，白旭. 2018. 我国科研创新团队发展状况的调查与评估. 科研管理，39（6）：159-168.

逯东，林高，杨丹. 2012. 政府补助、研发支出与市场价值——来自创业板高新技术企业的经验证据. 投资研究，（9）：67-81.

饶萍. 2018. 资本结构、政府补助对企业研发投入的影响——基于创业板上市公司的实证检验. 管理现代化，38（1）：42-44.

孙维章，干胜道. 2014. IT 行业中政府补助对研发与业绩的影响机制研究. 经济问题，（3）：83-88.

吴敬琏. 2009. 中小企业是创新主体中的主体. 科技创新与品牌，（12）：54-55.

小宫隆太郎. 1984. 日本产业政策. 东京：东京大学出版会.

肖丁丁，朱桂龙，王静. 2013. 政府科技投入对企业 R&D 支出影响的再审视——基于分位数回归的实证研究. 研究与发展管理，（3）：25-32.

解维敏，唐清泉，陆姗姗. 2009. 政府研发资助，企业研发支出与企业自主创新. 金融研究，（6）：86-99.

熊和平，杨伊君，周靓. 2016. 政府补助对不同生命周期企业 R&D 的影响. 科学学与科学技术管理，（9）：3-15.

杨晔，王鹏，李怡虹，等. 2015. 财政补贴对企业研发投入和绩效的影响研究——来自中国创业板上市公司的经验证据. 财经论丛，（1）：24-31.

尹作亮. 2012. 中小企业技术创新风险来源的实证分析. 中央财经大学学报，（7）：86-89.

余菲菲，钱超. 2017. 政府科技补助对企业创新投入的门槛效应——基于科技型中小企业的经验研究. 科研管理，（10）：40-47.

张彩江，陈璐. 2016. 政府对企业创新的补助是越多越好吗? 科学学与科学技术管理，（11）：11-19.

张鸿武，张春平. 2016. 知识产权保护还是 R&D 补贴?——提升中国工业技术创新能力的公共政策选择. 东南学术，（2）：55-67.

张杰，陈志远，杨连星，等. 2015. 中国创新补贴政策的绩效评估：理论与证据. 经济研究，（10）：4-17.

张兴龙，沈坤荣，李萌. 2014. 政府 R&D 补助方式如何影响企业 R&D 投入?——来自 A 股医药制造业上市公司的证据. 产业经济研究，（5）：53-62.

郑大勇，李纪珍，赵楠. 2006. 研发项目的集成风险管理——模型及讨论. 研究与发展管理，（6）：72-76.

郑彦宁，张丽玮. 2014. 高新技术项目技术风险评估研究（Ⅰ）——技术风险模型构建和风险因素分析. 科技管理研究，（3）：240-246.

朱永明，赵程程，赵健，等. 2018. 政府补助对企业自主创新的影响研究——基于企业生命周期视角. 中国工业经济，（11）：27-34.

朱云欢，张明喜. 2010. 我国财政补贴对企业研发影响的经验分析. 经济经纬，（5）：77-81.

Arrow K. 1962. The economic implications of learning by doing. The Review of Economic Studies，29（3）：155-173.

Carboni O A. 2011. R&D subsidies and private R&D expenditures：evidence from Italian manufacturing data. International Review of Applied Economics，25：419-439.

Carmichael J. 1981. The effects of mission-oriented public R&D spending on private industry. Journal of Finance，36（3）：617-627.

Clausen T H. 2009. Do subsidies have positive impacts on R&D and innovation activities at the firm level? Structural Change and Economic Dynamics，20（4）：239-253.

Choi J，Lee J. 2017. Repairing the R&D market failure：public R&D subsidy and the composition of private R&D. Research Policy，46（8）：1465-1478.

Czarnitzki D，Lopes-Bento C. 2014. Innovation subsidies：does the funding source matter for innovation intensity and performance? Empirical evidence from Germany. Industry and Innovation，21(5)：380-409.

Dumont M. 2017. Assessing the policy mix of public support to business R&D. Research Policy，46（10）：1851-1862.

Fiedler F. 1978. The contingency model and the dynamics of the leadership process. Advances in Experimental Social Psychology，（10）：59-112.

Freeman C. 1987. Technology Policy and Economic Performance：Lessons from Japan. London：Pinter Press.

Görg H，Strobl E. 2007. The effect of R&D subsidies on private R&D. Economica，74（5）：215-234.

Guellec D，Pottelsberghe B. 2003. The impact of public R&D expenditure on business R&D. Economics of Innovation and New Technologies，12（3）：225-244.

Guerzoni M，Raiteri E. 2015. Demand-side vs. supply-side technology policies：hidden treatment and new empirical evidence on the policy mix. Research Policy，44（3）：726-747.

Hægeland T，Møen J. 2007. The relationship between the Norwegian R&D tax credit scheme and other innovation policy instruments. Statistics Norway Reports.

Hersey P，Blanchard K H. 1969. Life cycle theory of leadership. Training & Development Journal，23（5）：26-34.

House R J. 1971. A path goal theory of leader effectiveness. Administrative Science Quarterly，6（3）：321-339.

Higgins R S，Link A N. 2013. Federal support of technological growth in industry：some evidence of crowding out. IEEE Transactions on Engineering Management，28（4）：86-88.

Hussinger K. 2008. R&D and subsidies at the firm level：an application of parametric and semiparametric two-step selection models. Journal of Applied Econometrics，23（6）：729-747.

Koga T. 2003. Firm size and R&D tax incentives. Technovation，23（7）：643-648.

Korman A K. 1966. Self-esteem variable in vocational choice. Journal of Applied Psychology，50（6）：479-486.

Levy D M，Terleckyj N E. 1983. Effects of government R&D on private R&D investment and productivity：a macroeconomic analysis. The Bell Journal of Economics，14（2）：551-561.

Lichtenberg F R. 1987. The effect of government funding on private industrial research and development：a re-assessment. Journal of Industrial Economics，36（1）：97-104.

Marino M，Lhuillery S，Parrotta P，et al. 2016. Additionality or crowding-out? An overall evaluation of public R&D subsidy on private R&D expenditure. Research Policy，45（9）：1715-1730.

Nelson R. 1993. National Innovation Systems：A Comparative Analysis. Oxford：Oxford University Press.

National Science Board. 2018. Science and Engineering Indicators 2018. Alexandria：National Science Foundation.

Wang J，Lin W，Huang Y. 2010. A performance-oriented risk management framework for innovative R&D projects. Technovation，30（11~12）：601-611.

Government Subsidy for Corporate R&D and Corporate R&D Investments: An Analytical Framework Based on the Contingency Theory

Min Chen and Xinjie Huang
School of Finance and Economics, Jimei University, Xiamen, Fujian, China 361021

Abstract: The market failure caused by the substantial uncertainty of rewards for corporate R&D and technology-spillover externality calls for government intervention in corporate R&D activities through subsidization. However, there is no consensus in the literature on the policy effect of government subsidies for corporate R&D on the outcomes of corporate R&D investments. Based on the contingency theory, this paper introduces innovation risks as a contingency factor and takes the policy effect of government subsidies on the outcomes of corporate R&D investments as the coupling effect of government subsidization, corporate characteristics, and innovation risks. This analytical framework for government subsidy policy can explain the inconsistency of existing results, and may help to improve the effectiveness of government subsidy policy in the future.

Keywords: government subsidy for R&D; R&D investments; policy effect; contingency theory.

当代会计评论 Contemporary Accounting Review
第12卷第4辑 Vol.12 No.4
2019年 2019

共同审计的签字会计师独立性更强吗？——基于审计质量的分析*

唐亮[1] 黄一阳[1] 万相昱[2]
（1. 东北师范大学经济与管理学院，吉林 长春 130117；
2. 中国社会科学院数量经济与技术经济研究所，北京 100732）

【摘要】 同一签字会计师审计多家上市公司是因为签字会计师的行业专长还是因为被审计单位能够获得想要的审计意见呢？针对中国上市公司 2005~2018 年数据的实证分析，我们得到的结论如下：签字会计师的行业专长并不是共同审计的原因，共同审计的签字会计师独立性反而更差，共同审计的签字会计师更有可能出具标准审计意见；签字会计师审计的上市公司越多，其审计质量越差。有趣的是，“四大”会计师事务所并没有审计更多的上市公司，但其审计的资产数量更多。我们的观点是，共同审计越多，上市公司的委托代理问题越严重，在监管上，签字会计师共同审计的客户数量不宜过多。

【关键词】 共同审计 独立性 审计质量 行业专长 签字会计师

一、引　言

外部审计是外部公司治理的重要表现形式，其目的在于确保公司的信息披露真实、及时、准确，从而向股东、债权人和相关利益方传递真实信息，为其决策提供基础。签

* 唐亮，副教授；黄一阳，硕士研究生，E-mail：huangyy435@nenu.edu.cn；万相昱（通讯作者），副教授，E-mail：tangl123@nenu.edu.cn。本文受到国家社会科学基金重点项目“综合集成模拟实验平台的设计与构建研究”（18AJL006），吉林省哲学社会科学基金重点项目“‘一带一路’背景下吉林省优势产业‘走出去’的路径和对策研究”（2019WT57），东北师范大学社会科学基金青年团队项目“媒体舆论、投资者情绪和上市公司反应机制研究”（1809105）的资助。本文受到复旦大学方军雄教授的启发，并在讨论中获益良多，感谢复旦大学吕长江教授、吉林大学陈守东教授、东北师范大学安亚人教授、厦门大学曲晓辉教授的意见，本文在《当代会计评论》2019 学术会议上得到了上海交通大学夏立军教授、上海财经大学李增泉教授、厦门大学杜兴强教授、重庆大学辛清泉教授的宝贵意见，特别感谢厦门大学刘媛媛助理教授的评论和意见，感谢审稿人的工作，当然，文责自负。

字会计师的专业胜任能力和独立性是决定审计质量的关键因素（Deangelo 2006），然而在现实中，多家上市公司由一家会计师事务所审计，甚至多家上市公司在同一年份共享同一签字会计师，这引发了对共同审计的签字会计师和共同审计的会计师事务所外溢效应的思考。

2012年，天健会计师事务所的签字会计师龙文虎共同审计的上市公司数量达到14个，横跨9个行业，包括电力、新闻、房地产、医药、互联网、土木工程、金融业、计算机、综合零售等行业；2016年，立信会计师事务所的刘金进审计了14家上市公司，横跨6个行业；2018年，大华会计师事务所的吕勇军审计了10家上市公司，横跨4个行业。显然，共同审计数量的增加无法用签字会计师行业专长来解释，那么上市公司共享同一签字会计师是出于什么原因呢？这种现象对审计质量的影响是正向的还是负向的？

已有文献对上述问题的观点是：共同审计会提高签字会计师（会计师事务所）的专业胜任能力，在独立性不受影响的前提下，审计质量会上升（杨清香等 2015，鄢翔等 2018）。共同审计的签字会计师受处罚后会提高出具非标准审计意见的概率（刘文军等 2017）。总体来看，学者认为共同审计会提高并购绩效、降低财务重述、实现资源整合，学术界称之为共同签字会计师的“外溢效应”。

共同审计的签字会计师对审计质量影响的理论机制有两种：首先，签字会计师同时审计多家上市公司，因此可以从客户的关联公司中获取被审计客户的各类信息，这将有利于签字会计师的审计质量提高，并提高关联公司间的资源整合程度。其次，由于共同审计的签字会计师（会计师事务所），“四大”会计师事务所具有一致的信息披露风格，其审计流程和审计标准比较规范，信息披露方式也趋于一致，这导致聘用共同审计的签字会计师的上市公司财务报告具有更强的可比性（Francis et al. 2014），客户（供应商）可以通过聘用与其供应商（客户）相同的会计师事务所的会计师来降低信息不对称（Dhaliwal et al. 2016）。

上市公司为什么要选择共同审计呢？已有文献主要有三种观点：首先，与客户共享签字会计师可以提高投资效率，减少不确定性（Cai et al. 2016，Chircop et al. 2018）；其次，共同审计的签字会计师可以扩展公司高管的社会关系网络，促进知识共享（Brown and Drake 2014）；最后，共享签字会计师是被审计公司向金融市场释放的信号，表明公司的会计信息具有稳健性和可比性。

已有文献的结论有共同的理论基础：签字会计师具有独立性。然而，中国上市公司跨多行业共享同一签字会计师这一事实表明，签字会计师的独立性显然存疑。同一签字会计师横跨6个行业进行专业审计工作，全部胜任显然是不现实的。那么，如果放松“独立性”这一外部假设呢？从被审计公司的角度来看，选择审计多家上市公司的签字会计师进行审计的原因可能在于，被审计公司希望获得“想要的”审计意见，而签字会计师越“可谈判”，就越有可能获得更多客户。此时，签字会计师共同审计的客户数量增加的原因在于他能够提供“更好的”审计意见，而签字会计师的行业专长并不会带来更多的审计客户。因此，共同审计的签字会计师的独立性会随着共同审计的客户数量的增加而降低，共同审计将引发更差的审计质量。

为了验证这一理论，我们分别分析具有行业专长的签字会计师是否有更多的共同审计数量，共同审计数量的减少是否改变了审计意见的类型，验证共同审计是否提高了审计质量。我们的结论是：同一签字会计师审计更多上市公司的原因在于较差的独立性，而不是行业专长；共同审计数量的增加会导致签字会计师出具标准审计意见的概率提高，其数量的减少也会导致签字会计师出具标准审计意见的概率提高；这表明，共同审计会损害审计质量。

我们的研究贡献在于：首先，将共同审计问题置于签字会计师行业专长和审计独立性的总体框架下，将信息优势和信息不对称问题纳入审计独立性的框架中，对于解释共同审计的经济后果有了全新的视角；其次，验证了共同审计的签字会计师的独立性问题，签字会计师审计的上市公司越多，并不一定意味着其独立性越高，签字会计师更可能受到客户流失的威胁而改变审计意见类型；最后，共同审计的签字会计师会降低审计质量，若要提高审计质量，就要对共同审计数量进行限制。

文章其余部分的结构安排如下：第二部分是已有文献的综述和文章的理论假设，第三部分给出了变量的设计和模型构建过程，第四部分是模型估计和实证检验，第五部分是稳健性检验，第六部分是研究结论和相关建议。

二、文献综述和理论假设

自Deangelo（1981）提出签字会计师的专业胜任能力和审计独立性对审计质量影响的框架后，研究者大多从签字会计师的专业胜任能力和签字会计师独立性的角度研究外部审计的质量问题，对共同审计问题的关注点集中在信息外溢效应方面。

Fan和Wong（2005）认为，转轨市场环境中签字会计师甚至可以替代部分法律制度的安排发挥外部治理功能，尤其是“四大”会计师事务所的签字会计师发挥着更重要的监督职能。同时，具有行业专长的签字会计师提供的审计质量更高（Dopuch and Simunic 1982），原因在于，具有特定行业专长的签字会计师能更好地发现该行业审计客户的错报和异常行为（Maletta and Wright 1996），如具有制造业经验的签字会计师更容易识别出制造业审计客户的错报（Bedard and Biggs 1991）。

内生增长理论认为，知识的积累和技术进步的原因之一是专业化，同时审计多家公司的签字会计师，其行业专长会伴随着“干中学”而不断增强，随着行业专长的提高，签字会计师会接到更多的外部审计工作，这导致签字会计师市场趋向集中，共同审计的签字会计师会产生审计定价的溢价（Francis et al. 2005）；审计客户会减少财务舞弊（Johnson et al. 1991）；降低操纵性应计利润和盈余管理（Krishnan 2003）；提高盈余信息披露的及时性（Krishnan 2005）；增加会计信息含量（Balsam et al. 2003）及减少会计重述的可能性（Chin and Chi 2009）。

从理论上来看，上市公司选择共享签字会计师的原因可能是希望向金融市场传递公司信息质量良好的信号，专业胜任能力更强的签字会计师会带来更好的审计质量，由专业胜任能力强的签字会计师审计就意味着向潜在投资者和债权人宣称自身的财务报告更加真实可靠，因此，专业胜任能力更强的签字会计师将更有可能审计更多的上市公司。

从委托代理角度来看，上市公司选择共同审计数量多的签字会计师可能是因为其更容易出具标准审计意见，管理层权力越集中的公司，聘任外部审计的目的更有可能是为了标准审计意见，而出具标准审计意见和签字会计师的专业胜任能力是矛盾的，专业胜任能力越高，签字会计师的共同审计数量可能越低。因此，我们提出假设1。

假设 1：签字会计师的专业胜任能力和其共同审计的客户数量存在相关性。

假设 1a：签字会计师的专业胜任能力越高，共同审计的客户数量越多。

假设 1b：签字会计师的专业胜任能力越高，共同审计的客户数量越少。

从审计独立性的角度考量，首先，共同审计的签字会计师的独立性会随着客户数量的增加而提高，当审计数量增加时，客户流失给签字会计师带来的边际损失率更低，此时，在客户流失成本和个人声誉的比较中，个人声誉居主导地位；其次，若考虑到共同审计带来的审计溢价，客户流失对签字会计师的边际损失量可能更大。因此，签字会计师很可能受到客户流失的威胁而降低独立性。

然而，若把独立性视为签字会计师审计前的前置变量，比较独立的签字会计师和不独立的签字会计师，独立的签字会计师的边际损失随着客户数量的增加而递减可能是成立的，但不独立的签字会计师对边际损失的厌恶程度很可能远高于独立的签字会计师。因此，若签字会计师不独立，则客户流失将提高出具标准审计意见的概率，同样地，客户数量的上升也可能是其“承诺”给予客户标准审计意见导致的。

因此，我们提出假设2。

假设 2：签字会计师共同审计的客户数量和该签字会计师的独立性相关。

假设 2a：共同审计的签字会计师有更差的独立性。

假设 2b：共同审计的签字会计师有更强的独立性。

为了验证共同审计的客户数量和签字会计师独立性之间的关系，我们估计共同审计数量的减少对签字会计师出具非标准审计意见概率的影响：若共同审计数量减少导致签字会计师出具非标准审计意见的概率降低，则意味着共同审计数量的减少会改变签字会计师的审计结果，证明签字会计师的独立性较差。同样地，若共同审计数量的增加导致签字会计师出具非标准审计意见的概率降低，也意味着为了获得更多的客户，共同审计的签字会计师会放弃独立性，出具更多的标准审计意见。

签字会计师共同审计的客户数量对审计质量的影响机制体现为两方面：首先，签字会计师共同审计的客户数量越多，该签字会计师就有越强的信息优势，越容易发现公司财务报告中存在的不真实和问题所在，在独立性和专业胜任能力不变的假设下，这将提高签字会计师的审计能力，从而提高审计质量；其次，若签字会计师牺牲独立性来获取更多的客户，则共同审计的客户数量的上升将降低审计质量，此外，基于“压力效应”，签字会计师共享客户数量的增多将增加签字会计师的繁忙度，这可能引发签字会计师的能力和任务的不匹配，从而降低审计质量。因此，我们提出假设3。

假设 3：签字会计师共同审计的客户数量会影响其审计质量。

假设 3a：签字会计师共同审计的客户数量越多，其审计质量越低。

假设 3b：签字会计师共同审计的客户数量越多，其审计质量越高。

我们提出的三个假设都是竞争性假设，对假设验证的核心在于：签字会计师审计的客户数量是独立性更强还是更差引发的？若签字会计师的独立性强，共同审计的客户数量的增加将提高其专业胜任能力，提高审计质量，而上市公司选择签字会计师也是出于信号传递的目的；相反，若签字会计师为了获取更多的客户从而损失了独立性，这就导致签字会计师共同审计的客户数量的上升引发更差的审计质量，也无助于提高签字会计师的专业胜任能力。

显然，在制度和效率层面，我们希望前者成立，但是在现实中，后者更可能是事实的真相。我们的实证结果表明，签字会计师共同审计的客户数量的增加会损害独立性，专业胜任能力的提高无助于增加共同审计的客户数量，共同审计的客户数量的增加会损害审计质量。

三、变量设计和模型构建

（一）变量设计

关于审计质量、签字会计师行业专长和共同审计，研究者有多种方法进行测度，由于不能形成统一和一致的测量方法，变量测度方式的选择十分重要。

1. 审计质量

关于审计质量的度量，通常有三种做法：一是会计师事务所规模，学者通常认为规模更大的会计师事务所会花费更多的时间并收取更高的审计费用，因此会提供更高的审计质量（Palmrosc 1986），规模大的会计师事务所在专业技术培训方面有更高的投入，因此提高了审计质量（Craswell et al. 1995）；二是审计收费，审计收费越高，提供的审计服务越多，审计质量越好（Francis and Krishnan 1999），收费更高的规模大的会计师事务所的审计报告更具信息含量（Lennox 1999），异常审计收费会降低非标准审计意见的出具概率（方军雄和洪剑峭 2008）；三是盈余质量，操纵性应计利润越多，审计质量越差（Teoh and Wong 1993，陈林 2018），具有盈余管理的公司会被大会计师事务所发现（Nelson et al. 2003），大会计师事务所审计后的公司操纵性应计利润更低（Becker et al. 1998）。此外，还可采用盈余稳健性指标（Basu 1997）和盈余反应系数（Ghosh and Moon 2005）来测度会计稳健性和市场反应，从而体现审计质量。

对以上指标的有效性分析表明，描述审计质量的相对有效指标是会计师事务所规模和操纵性应计利润（张宏亮和文挺 2016），其余指标的有效程度都不能确定。

1）审计报告激进度：ARAcc

以上指标在本质上都属于对审计质量结果的替代，而非直接测度。Gul等（2013）给出了审计意见距离的方法用于描述审计质量，这种方法是对审计质量的直接测度，因此也更符合我们的研究主题。

借鉴Gul等（2013）的做法，构建如下模型（1）。

$$\begin{aligned}\text{MAO} = \beta_0 + \beta_1\text{Quick} + \beta_2\text{Rec} + \beta_3\text{ORec} + \beta_4\text{Inv} + \beta_5\text{ROA} \\ + \beta_6\text{Loss} + \beta_7\text{Lev} + \beta_8\text{Size} + \beta_9\text{Age} + \varepsilon\end{aligned} \quad (1)$$

其中，MAO为审计意见的示性变量，非标准审计意见为1，标准审计意见为0；Quick为速动比率；Rec为应收账款比率；ORec为其他应收款比率；Inv为存货比率；ROA为资产收益率；Loss为是否亏损的示性变量；Lev为资产负债率；Size为客户资产规模；Age为公司上市年限；实证中控制行业固定效应；残差ε表示异常操纵性应计利润，其绝对值表示审计质量，该值越大，表明审计质量越差。

$$\text{ARAcc} = \text{MAO} - \text{Actual Opinion} \quad (2)$$

其中，ARAcc为审计报告激进度；Actual Opinion为实际审计意见。

用审计意见预测值MAO和实际审计意见之间的差值度量审计质量，该值越大，审计质量越差。当签字会计师出具的审计意见为带强调事项段的无保留意见、保留意见、无法表示意见及否定意见时，Actual Opinion为1，否则为0。

2）操纵性应计利润：ABAcc

$$\text{TACC}_t/\text{TA}_{t-1} = \beta_0 + \beta_1\frac{1}{\text{TA}_{t-1}} + \beta_2\frac{\Delta\text{REV}_t}{\text{TA}_{t-1}} + \beta_1\frac{\text{PPE}_t}{\text{TA}_{t-1}} + \beta_1\text{ROA}_t + \varepsilon \quad (3)$$

其中，TACC为营业利润减去经营活动净现金流量；TA为总资产；ΔREV为销售收入增加额；PPE为固定资产净值。

2. 签字会计师行业专长

签字会计师行业专长的度量从会计师事务所规模（DeFond and Jiambalvo 1991，Archambeault et al. 2008，Francis and Michas 2013）和行业专门化（Balsam et al. 2003，Kwon et al. 2006，Chi and Chin 2011，Romanus et al. 2008，刘文军等 2017）两个方面展开，我们借鉴Audousset-Coulier等（2016）的研究，以客户总资产的平方根为基础计算签字会计师的市场份额，根据Whitworth和Lambert（2014）的做法，将得到的市场份额除以客户数量获得行业专长（Indspec）数据。

$$\text{Indspec} = \left.\frac{\sum_{i=1}^{m}\sqrt{\text{TA}_i}}{\sum_{j=1}^{n}\sqrt{\text{TA}_j}}\right/\text{Num} \quad (4)$$

其中，m为签字会计师的客户数量；n为行业客户数量；Num为所有签字会计师的客户总量。

此外，我们用示性变量来表示行业专长。

$$\text{Inds} = \begin{cases}1 & \text{if Indspec} > 0.01 \\ 0 & \text{else}\end{cases} \quad (5)$$

其中，Inds为行业专长示性变量。

3. 共同审计

共同审计的研究一般有两方面，一是审计繁忙度（Watts and Zimmerman 1983），二是共同审计数量（杨清香等 2015），借鉴Sundgren和Svanstrom（2014）、Yan和Xie（2016）的研究，用签字会计师审计客户的共同审计资产和共同审计数量度量签字会计师的共享程度。

$$\text{A\_Common} = \frac{\sum_{i=1}^{s}\sum_{j=1}^{k}\text{Size}_{ij}}{s} \tag{6}$$

$$\text{N\_Common} = \frac{\sum_{i=1}^{s}N_i}{s} \tag{7}$$

其中，A_Common 为共同审计资产；N_Common 为共同审计数量；N_i表示第i个签字会计师审计的客户数量；s为签字会计师的数量；k为签字会计师审计的上市公司数量。

（二）模型构建

1. 行业专长和共同审计

我们研究的问题是，具有行业专长的签字会计师是否有更高的概率审计更多的上市公司？模型（8）用来检验这一问题。

$$\begin{aligned}\text{N\_Common} &= \beta_0 + \beta_1\text{Indspec} + \beta_2\text{N\_Common}_{t-1} + \sum\beta_i X_i + \varepsilon \\ \text{A\_Common} &= \beta_0 + \beta_1\text{Indspec} + \beta_2\text{A\_Common}_{t-1} + \sum\beta_i X_i + \varepsilon\end{aligned} \tag{8}$$

其中，被解释变量为共同审计数量（N_Common）和共同审计资产（A_Common）；解释变量为行业专长（Indspec）和上一期共同审计数量和上一期共同审计资产；其余为控制变量。

由于公司决定是否共享签字会计师取决于行业竞争程度，竞争对手的减少增加了信息泄露的可能性，会降低共享签字会计师的概率（Aobdia 2015），因此，控制变量包括客户行业集中度（HHI）、是否"四大"会计师事务所（Big4）、客户资产规模（Size）、公司成长性指标（Growth）、账面市值比率（BM）、是否亏损（Loss）和两职合一（Dual）。

2. 共同审计和签字会计师的独立性

共同审计的签字会计师是否更具独立性这一问题可以转换为共同审计数量的减少是否改变了签字会计师出具标准审计意见的概率。如果签字会计师的共同审计数量减少，导致签字会计师出具非标准审计意见的概率下降，出具标准审计意见的概率上升，就可以认为共同审计的签字会计师具有更差的独立性，因此，我们用式（9）来估计共同审计数量的减少对审计意见的影响。

$$\text{AuditType} = \beta_0 + \beta_1\text{Decrease}_{t-1} + \sum\beta_i X_i + \varepsilon \tag{9}$$

其中，被解释变量AuditType为审计意见类型，标准审计意见为0，非标准审计意见为1；

解释变量Decrease为共同审计数量是否减少的示性变量；控制变量包括速动比率（Quick）、应收账款比率（Rec）、其他应收款比率（ORec）、存货比率（Inv）、资产收益率（ROA）、是否亏损（Loss）、资产负债率（Lev）、客户资产规模（Size）、公司上市年限（Age）；控制行业固定效应。

3. 共同审计是否提高了审计质量

共同审计的签字会计师是否会提供更好的审计质量呢？理论上存在行业专长视角和审计繁忙度视角，前者认为共同审计会提高行业专长，从而在独立性外生的前提下，提高审计质量；后者则认为签字会计师越繁忙，在审计过程中发现问题的概率就越低，因此会降低审计质量，模型（10）用于验证共同审计和审计质量的关系。

$$\begin{aligned} \text{ARAcc} &= \beta_0 + \beta_1 \text{N\_Common} + \sum \beta_i X_i + \varepsilon \\ \text{ABAcc} &= \beta_0 + \beta_1 \text{A\_Common} + \sum \beta_i X_i + \varepsilon \end{aligned} \quad (10)$$

其中，被解释变量为审计质量，我们选择审计报告激进度（ARAcc）和操纵性应计利润（ABAcc）替代；解释变量为共同审计数量（N_Common）和共同审计资产（A_Common）。控制变量包括：客户资产规模（Size）、资产负债率（Lev）、资产收益率（ROA）、公司成长性指标（Growth）、账面市值比率（BM）、独立董事占比（Indep）、两职合一（Dual）、是否亏损（Loss）、是否国有上市公司（State）、是否“四大”会计师事务所（Big4）。

表1给出了主要变量的定义及变量说明。

表1 主要变量的定义及变量说明

变量符号		变量名称	变量定义
主要变量	ARAcc	审计报告激进度	式（2）计算出的审计质量
	ABAcc	操纵性应计利润	式（3）估计出的残差绝对值
	Indspec	行业专长	式（4）计算出的行业专长
	Inds	行业专长示性变量	式（5）计算出的行业专长虚拟变量
	A_Common	共同审计资产	式（6）计算出的共同审计结果
	N_Common	共同审计数量	式（7）计算出的结果
	AuditType	审计意见类型	非标准审计意见取值1,标准审计意见取值0
控制变量	Size	客户资产规模	被审计客户总资产的对数
	Big4	是否“四大”会计师事务所	签字会计师是否“四大”会计师事务所的签字会计师
	HHI	客户行业集中度	审计客户所处行业的HHI指数
审计质量变量	Quick	速动比率	（流动资产-存货）/流动负债
	Rec	应收账款比率	应收账款/总资产
	ORec	其他应收款比率	其他应收款/总资产
	Inv	存货比率	存货/总资产
	ROA	资产收益率	净利润/总资产
	Loss	是否亏损	亏损为1，盈利为0
	Lev	资产负债率	总负债/总资产
	Age	公司上市年限	当年-公司上市年

四、模型估计和实证检验

（一）数据和样本

本文的数据来源于CSMAR数据库，样本区间从2005~2018年，共计14年的数据。根据梁上坤（2017），剔除上市时间不足两年的上市公司及金融类上市公司，剔除缺失值，最终剩余样本总数为22 850个公司年度样本，样本筛选过程见表2。

表2　样本筛选过程

年份	起始样本数/个	剔除上市时间不足两年的上市公司样本/个	剔除金融类上市公司样本/个	剔除缺失值/个	最终样本数/个
2005	1 353	111	30	141	1 071
2006	1 422	69	35	141	1 177
2007	1 533	160	45	210	1 118
2008	1 594	182	46	151	1 215
2009	1 679	115	45	197	1 322
2010	1 906	285	54	119	1 448
2011	2 022	363	57	122	1 480
2012	2 104	229	61	38	1 776
2013	2 125	81	61	65	1 918
2014	2 200	74	61	134	1 931
2015	2 313	205	65	145	1 898
2016	2 509	271	75	153	2 010
2017	2 767	431	80	126	2 130
2018	2 811	357	90	8	2 356
总观测值	28 338	2 933	805	1 750	22 850

同时，样本中存在异常值，因此，对所有的连续变量进行1%的缩尾处理，以消除异常值的影响。

样本包含22 850个公司年度数据，审计报告激进度、操纵性应计利润、共同审计数量、共同审计资产、行业专长和审计意见类型等主要变量的描述性统计在表3中给出。审计报告激进度和操纵性应计利润的值越高，表明审计质量越差；审计意见类型为1表示非标准审计意见，0表示标准审计意见；行业专长的示性变量Inds是以Indspec大于0.01为标准度量的示性变量。

表3 主要变量的描述性统计

变量名	样本数	均值	标准差	下四分位数	中位数	上四分位数
ARAcc	22 850	$-1.600\,0\times10^{-9}$	0.187 0	0.007 8	0.014 9	0.030 2
ABAcc	22 850	0.075 8	0.217 0	0.021 4	0.047 2	0.086 7
N_Common	22 850	2.435 0	1.339 0	1.500 0	2.000 0	3.000 0
A_Common	22 850	23.190 0	1.278 0	22.390 0	23.190 0	23.940 0
Indspec	22 850	0.005 2	0.014 4	0.000 5	0.001 1	0.004 2
Inds	22 850	0.120 0	0.325 0	0	0	0
AuditType	22 850	0.054 6	0.227 0	0	0	0

由表3可见，只有约5.46%的上市公司收到了非标准审计意见；具有行业专长的签字会计师所占比例约为12%；而共同审计的签字会计师共同审计数量平均达到2.435 0家，一半签字会计师的审计客户数量为2家，表明签字会计师共同审计的情况在中国股票市场上是普遍存在的。

为了深入分析共同审计的签字会计师的分布情况，表4和表5是对签字会计师共同审计的样本数量分布、样本数量和涉及行业的统计结果。

表4 签字会计师共同审计的样本数量分布

签字会计师1 共同审计数量/家	样本数量/个	签字会计师2 共同审计数量/家	样本数量/个
1	5 935	1	12 904
2	4 938	2	6 435
3	3 995	3	2 160
4	2 857	4	780
5	1 905	5	334
6	1 305	6	113
7	810	7	72
8	401	8	21
9	320	9	11
10	198	10	9
11	74	11	0
12	50	12	11
13	52	13	0
14	10	14	0
总计	22 850		22 850

注：共同审计数量是以全部上市公司为样本统计的结果，样本数量是数据筛选完毕后，共同审计数量在样本中的分布，因此，共同审计数量可能多于样本数量

表5 签字会计师共同审计的样本数量和涉及行业

签字会计师1共同审计数量/家	样本数量/个	涉及行业/个	签字会计师2共同审计数量/家	样本数量/个	涉及行业/个
8	401	17	5	334	17
9	320	17	6	113	12
10	198	12	7	72	13
11	74	12	8	21	5
12	50	11	9	11	4
13	52	10	10	9	3
14	10	6	12	11	4

注：涉及行业是指所有样本中，共同审计数量相同的上市公司涉及的行业数量

签字会计师1共同审计的客户数量最多达到14家，签字会计师2共同审计的客户数量最多达到12家，尽管样本数量逐渐下降，但是签字会计师审计客户超过3家的仍然有很多。从表5来看，8家和9家共同审计的签字会计师1涉及的行业最多达到了17个，5家共同审计的签字会计师2涉及的行业达到17家，这意味着共同审计且跨多行业的情况十分普遍。无论是从行业专长的角度还是从审计繁忙度角度来看，这种现象都是不合理的。

（二）行业专长和共同审计

共同审计是因为签字会计师具有行业专长么？为了验证这一假设，我们对模型（8）进行估计，被解释变量分别为共同审计数量和共同审计资产，解释变量分别为行业专长和行业专长示性变量，加入控制变量，并控制年度和行业虚拟变量。共同审计数量的方差大于均值，因此选择面板数据泊松估计方法，共同审计资产的估计则选择面板数据混合估计方法，估计结果见表6。

表6 行业专长和共同审计估计结果

变量	N_Common		A_Common	
	（1）	（2）	（1）	（2）
截距项	0.596 0***	0.589 0***	10.350 0***	10.530 0***
	（5.906）	（5.846）	（47.530）	（48.510）
Indspec	−8.669 0***		−13.050 0***	
	（−15.930）		（−18.020）	
Inds		−0.289 0***		−0.410 0***
		（−16.260）		（−13.870）
N_Common_{t-1}	0.0719***	0.072 0***		
	（42.100）	（42.180）		
A_Common_{t-1}			0.0268***	0.027 0***
			（14.570）	（14.600）
Big4	−0.185 0***	−0.192 0***	0.5580***	0.549 0***
	（−7.721）	（−8.030）	（15.360）	（15.090）
Growth	0.000 8	−0.000 4	−0.008 9	−0.009 5*
	（0.170）	（−0.089）	（−1.567）	（−1.666）

续表

变量	N_Common		A_Common	
	（1）	（2）	（1）	（2）
Size	0.003 1	0.003 3	0.568 0***	0.562 0***
	（0.658）	（0.708）	（61.130）	（60.260）
BM	−0.011 9	−0.016 5	−0.049 5	−0.050 6
	（−0.576）	（−0.796）	（−1.247）	（−1.274）
Loss	−0.031 2**	−0.032 0**	−0.000 8	−0.003 9
	（−2.234）	（−2.293）	（−0.042）	（−0.210）
Dual	0.030 1**	0.031 5***	0.044 4**	0.043 4**
	（2.511）	（2.630）	（2.482）	（2.420）
HHI	0.314 0***	0.223 0***	0.361 0***	0.233 0**
	（5.972）	（4.360）	（3.043）	（1.961）
/lnalpha1）	−3.914 0***	−3.934 0***		
	（−40.260）	（−40.340）		
Year	控制	控制	控制	控制
Industry	控制	控制	控制	控制
样本量	22 850	22 850	22 850	22 850
公司数量	2 422	2 422	2 422	2 422
χ^2	191.9	189.0		
R^2			0.580	0.587

***、**、*分别表示显著性水平为 0.01、0.05、0.1

1）表示被解释变量离散程度的检验

注：括号中为 t 统计量

由表6可知，模型（8）的拟合效果十分理想，从显著性程度来看，行业专长和行业专长示性变量的参数估计结果都十分显著，且方向一致，有行业专长的签字会计师比没有行业专长的签字会计师要少审计0.289家上市公司，审计资产减少0.41%的比例，这一结果是可信的。

从控制变量的估计结果来看，有3个结果是有趣的。“四大”会计师事务所会审计更多的资产，但是审计更少的数量，原因可能在于：首先，“四大”会计师事务所具有更好的独立性，资产越多的上市公司越希望通过“四大”会计师事务所的审计来释放公司经营状况良好的信号，而其他上市公司则更倾向于选择非“四大”会计师事务所来审计；其次，上市公司的管理层权力越大，越倾向于选择和其他公司共享签字会计师，两职合一的上市公司选择的签字会计师比其他公司选择的签字会计师多审计0.030 1家上市公司，这意味着代理问题越严重，共同审计数量越多，共同审计资产也越多；最后，被审计公司的垄断程度越高，共同审计越多，这和Aobdia（2015）的结论不一致，我们认为这反映了上市公司选择签字会计师的“同群效应”，尤其是模仿行业垄断地位的公司，这可以减轻垄断市场中的市场分割现象。

（三）审计意见类型和共同审计

进一步，由于签字会计师的行业专长反而会减少共同审计数量，我们来考察共同审计数量的变化对签字会计师出具审计意见类型的影响，若共同审计数量的减少提高了签字会计师出具标准审计意见的概率，就表明签字会计师会因为客户流失而损失独立性。

为了验证这一假设，我们首先估计共同审计数量对审计意见类型的影响，被解释变量是审计意见类型的示性变量，其中，非标准审计意见表示为1，标准审计意见则表示为0。主要的解释变量为共同审计数量和共同审计资产，模型（9）的估计选择Logit回归方法，控制行业和年份虚拟变量，控制变量与Gul等（2013）的研究一致，估计结果见表7。

表7　审计意见类型和共同审计估计结果

变量	AuditType	
	（1）	（2）
截距项	9.084 0***	9.663 0***
	（11.010）	（10.550）
N_Common	−0.111 0***	
	（−3.790）	
A_Common		−0.078 2**
		（−2.340）
Quick	0.072 3**	0.071 7**
	（2.524）	（2.535）
Rec	−1.026 0***	−1.036 0***
	（−2.699）	（−2.724）
ORec	4.418 0***	4.434 0***
	（7.742）	（7.760）
Inv	−2.738 0***	−2.739 0***
	（−9.037）	（−9.043）
ROA	−4.717 0***	−4.697 0***
	（−8.916）	（−8.906）
Loss	0.906 0***	0.911 0***
	（8.428）	（8.490）
Lev	3.906 0***	3.905 0***
	（20.15）	（20.20）
Size	−0.665 0***	−0.621 0***
	（−20.480）	（−16.950）
Age	0.030 6***	0.0316***
	（4.152）	（4.295）
Industry	控制	控制
Year	控制	控制
样本量	22 850	22 850
χ^2	3 566	3 557
伪 R^2	0.368	0.368

***、**分别表示显著性水平为 0.01、0.05

注：括号中为 t 统计量

共同审计数量的增加会降低签字会计师出具非标准审计意见的概率，与Gul等（2013）的研究结果相比较，控制变量的符号和显著性都接近，表明模型（9）的估计是有效的，且共同审计变量的引入提高了模型（9）的解释能力，表明共同审计是影响审计意见类型的重要原因。这意味着共同审计数量的增加及共同审计资产的增加都会降低签字会计师的独立性，从而改变签字会计师出具的审计意见类型。

为了进一步分析签字会计师共同审计数量的变化对审计意见类型的影响，我们对模型（9）进行估计，构造了两个虚拟变量，分别是共同审计变化数量Decease_N、共同审计变化资产Decease_A；构造了两个连续变量，分别是共同审计客户减少的数量Dec_N，共同审计资产减少的数量Dec_A；控制行业固定效应，用Logit模型估计共同审计变化对审计意见类型的影响，估计结果见表8。

表8 共同审计和签字会计师的独立性估计结果

变量	AuditType			
	（1）	（2）	（3）	（4）
截距项	7.161 0***	7.158 0***	6.775 0***	7.006 0***
	（9.517）	（9.469）	（8.058）	（8.557）
Dec_N	−0.040 6**			
	（−2.382）			
Decease_N		−0.155 0**		
		（−2.084）		
Dec_A			0.077 9	
			（0.995）	
Decease_A				−0.019 6**
				（−2.104）
N_Common	−0.128 0***	−0.129 0***		
	（−4.359）	（−4.380）		
A_Common			−0.040 1	−0.063 3*
			（−1.125）	（−1.901）
Quick	0.082 8***	0.083 6***	0.087 6***	0.087 7***
	（3.010）	（3.044）	（3.270）	（3.279）
Rec	−0.628 0*	−0.625 0*	−0.666 0*	−0.658 0*
	（−1.719）	（−1.711）	（−1.818）	（−1.797）
ORec	4.550 0***	4.483 0***	4.377 0***	4.355 0***
	（8.340）	（8.244）	（8.029）	（7.997）
Inv	−2.859 0***	−2.864 0***	−2.870 0***	−2.890 0***
	（−9.496）	（−9.511）	（−9.520）	（−9.586）
ROA	−5.201 0***	−5.183 0***	−5.200 0***	−5.206 0***
	（−9.951）	（−9.910）	（−9.985）	（−9.996）
Loss	0.864 0***	0.866 0***	0.870 0***	0.877 0***
	（8.111）	（8.131）	（8.192）	（8.258）
Lev	3.698 0***	3.697 0***	3.681 0***	3.671 0***
	（19.600）	（19.600）	（19.630）	（19.590）

续表

变量	AuditType			
	（1）	（2）	（3）	（4）
Size	−0.607 0***	−0.606 0***	−0.570 0***	−0.555 0***
	（−20.100）	（−20.060）	（−15.920）	（−15.730）
Age	0.044 2***	0.045 0***	0.0503***	0.051 8***
	（6.539）	（6.688）	（7.539）	（7.754）
Industry	控制	控制	控制	控制
Observations	22 850	22 850	22 850	22 850
χ^2	3 508	3 506	3 488	3 491
伪 R^2	0.362	0.362	0.360	0.361

***、**分别表示显著性水平为 0.01、0.05

注：括号中为 t 统计量

表8模型（9）的估计结果表明，共同审计数量的减少会降低签字会计师出具非标准审计意见的概率,共同审计数量的增加也会降低签字会计师出具非标准审计意见的概率。这意味着签字会计师审计的客户数量的增加是以牺牲独立性为代价换取的。当签字会计师审计的客户数量减少时，他将进一步提高标准审计意见的出具概率，从而能够在未来获得更多的客户。

那么，是否所有的签字会计师都会为了客户数量而牺牲独立性呢？我们按签字会计师1共同审计的行业进行分组，以3个行业为界限，考察当签字会计师共同审计的行业过多时，是否审计数量的变化对审计意见类型具有不一样的路径，估计结果见表9。

表9　按签字会计师共同审计涉及行业分类的回归结果

变量	AuditType			
	Auditinds[1)]>3		Auditinds<3	
	（1）	（2）	（1）	（2）
截距项	8.098 0***	8.155 0***	6.225 0***	6.238 0***
	（2.960）	（2.982）	（6.646）	（6.622）
Dec_N	−0.027 2		−0.054 8**	
	（−0.665）		（−2.503）	
Decease_N		−0.234 0		−0.186 0**
		（−0.915）		（−2.154）
N_Common	0.010 2	0.008 3	−0.102 0**	−0.101 0**
	（0.112）	（0.090 4）	（−2.283）	（−2.259）
Quick	0.106 0*	0.106 0*	0.076 2**	0.076 4**
	（1.826）	（1.825）	（2.047）	（2.059）
Rec	−0.852 0	−0.863 0	−1.156 0***	−1.147 0***
	（−0.612）	（−0.621）	（−2.731）	（−2.710）

续表

变量	AuditType			
	Auditinds[1] >3		Auditinds<3	
	（1）	（2）	（1）	（2）
ORec	1.255 0	1.297 0	5.586 0***	5.481 0***
	（0.819）	（0.845）	（8.475）	（8.346）
Inv	−3.306 0***	−3.271 0***	−2.966 0***	−2.985 0***
	（−3.757）	（−3.731）	（−8.098）	（−8.151）
ROA	−5.253***	−5.176 0**	−5.412 0***	−5.381 0***
	（−2.587）	（−2.549）	（−8.831）	（−8.778）
Loss	0.839 0**	0.850 0**	0.908 0***	0.909 0***
	（2.143）	（2.171）	（7.380）	（7.387）
Lev	4.783 0***	4.777 0***	3.782 0***	3.777 0***
	（7.135）	（7.121）	（16.500）	（16.490）
Size	−0.678 0***	−0.677 0***	−0.592 0***	−0.592 0***
	（−5.990）	（−5.993）	（−17.090）	（−17.040）
Age	0.0531**	0.051 4**	0.037 1***	0.038 3***
	（2.048）	（1.979）	（4.727）	（4.906）
Industry	控制	控制	控制	控制
样本量	2 352	2 352	16 803	16 803
χ^2	419.9	420.2	2 684.0	2 682.0
伪 R^2	0.438	0.438	0.369	0.369

***、**、*分别表示显著性水平为 0.01、0.05、0.1

1）表示共同审计的行业数量

注：括号中为 t 统计量

表9的估计结果十分有趣，签字会计师共同审计涉及行业越少，审计的客户数量的减少将越能够降低非标准意见的出具概率。这表明，越集中于少数行业的签字会计师，其独立性在客户数量减少时，越容易受到损害；相反，审计的客户涉及的行业数量更多时，签字会计师的独立性反而更高，这一点可以用边际损失来解释，签字会计师审计较少行业的多个客户时，客户流失将会更容易产生传染性，因此，客户流失可能会带给签字会计师长期的不利影响。而共同审计涉及行业更多的签字会计师，客户流失的信息更不容易传递给该签字会计师审计的其他客户，因此边际损失更低。

（四）共同审计和审计质量

我们对共同审计和审计质量的关系进行实证分析，表10给出了实证估计结果，选择审计报告激进度和操纵性应计利润作为审计质量变量，选择共同审计数量和共同审计资产作为共同审计变量，估计方法是面板数据模型，控制行业固定效应和时间固定效应。

表10　共同审计和审计质量估计结果

变量	ABAcc		ARAcc	
	（1）	（2）	（1）	（2）
截距项	0.0243	−0.000 6	−0.044 4	−0.056 4
	（0.750）	（−0.017）	（−1.236）	（−1.471）
N_Common	0.001 8*		0.003 4***	
	（1.728）		（3.415）	
A_Common		0.003 1**		0.002 3*
		（2.210）		（1.729）
Size	0.001 8	$-5.110\ 0\times10^{-6}$	0.001 2	−0.000 2
	（1.175）	（−0.003）	（0.723）	（−0.094）
Lev	0.050 6***	0.050 5***	−0.007 3	−0.007 5
	（8.669）	（8.653）	（−1.206）	（−1.241）
ROA	−0.162 0***	−0.161 0***	−0.045 3**	−0.044 3**
	（−6.868）	（−6.823）	（−2.055）	（−2.007）
Growth	0.079 7***	0.079 7***	0.002 2*	0.002 2*
	（59.240）	（59.24）	（1.825）	（1.819）
BM	−0.048 0***	−0.047 4***	−0.005 0	−0.004 4
	（−6.099）	（−6.014）	（−0.634）	（−0.554）
Indep	0.009 8	0.008 4	0.010 7	0.009 7
	（0.398）	（0.340）	（0.427）	（0.388）
Dual	$-2.850\ 0\times10^{-5}$	$-5.890\ 0\times10^{-5}$	−0.001 9	−0.001 7
	（−0.008）	（−0.017）	（−0.525）	（−0.486）
Loss	−0.008 9*	−0.008 9*	0.007 6	0.007 5
	（−1.681）	（−1.680）	（1.583）	（1.565）
State	−0.009 9***	−0.010 3***	0.017 5***	0.016 8***
	（−3.328）	（−3.486）	（5.113）	（4.915）
Big4	−0.005 6	0.008 4	−0.001 3	−0.004 6
	（−0.953）	（−1.426）	（−0.198）	（−0.706）
Year	控制	控制	控制	控制
Industry	控制	控制	控制	控制
样本量	22 850	22 850	22 850	22 850
公司数量	2 422	2 422	2 422	2 422
R^2	0.129	0.129	0.007	0.006

***、**、*分别表示显著性水平为0.01、0.05、0.1

注：括号中为t统计量

表10的估计结果表明，共同审计数量的增加会降低审计质量，共同审计资产的增加也会降低审计质量，且模型（10）的估计结果是显著的，这意味着共同审计的客户数量在损害独立性的同时，也降低了上市公司的审计质量，这给监管带来了不利影响。

五、稳健性检验

为了验证模型（8）~模型（10）的稳健性，我们选择两种方式进行检验。首先，将共同审计变量分别替换为签字会计师1和签字会计师2的共同审计数量，重新估计模型（8）~模型（10），估计结果没有发生变化；其次，将样本划分为国有上市公司和非国有上市公司，将签字会计师从“四大”会计师事务所跳槽到非“四大”会计师事务所作为外生冲击，分别检验冲击前后上述模型的参数，结果表明模型是稳健的。

此外，我们还将Logit模型替换为Probit模型，将面板数据估计变化为随机效应估计，将样本区间缩短到2010~2018年，模型估计结果仍然没有发生显著的变化。

六、研究结论和相关建议

签字会计师的共同审计数量增加，是提高了行业专长，改进了审计质量；抑或是降低了独立性，损害了审计质量？我们的研究表明，签字会计师共同审计的客户数量的增加是以牺牲独立性为代价的，共同审计数量的增加损害了审计质量，且签字会计师共同审计的客户涉及行业越集中，对独立性的损害越明显。

1. 签字会计师应该审计更多的客户么？

签字会计师审计更多的客户带来的后果是严重的，这会导致标准审计意见出具的概率增加，签字会计师的独立性被削弱，且审计质量降低。因此，签字会计师审计的客户数量应该受到制约，应确定一个合理的共同审计数量，这将有利于提高信息质量，改进资本市场效率。

2. 如何提高签字会计师的独立性？

签字会计师的独立性和对利润最大化的追求一直存在着矛盾，因此，提高签字会计师的独立性也是监管的难点。我们的研究表明，如果签字会计师共同审计的客户数量增加，就应该制约其审计相同行业的客户数量，这样可以避免签字会计师独立性受到更大的损害。

同时，鼓励上市公司选择“四大”会计师事务所进行审计也可以避免对签字会计师的独立性和审计质量带来更大的不利影响。

参 考 文 献

陈林. 2018. 会计信息可比性、环境不确定性与审计质量. 当代会计评论，11（2）：64-81

方军雄，洪剑峭. 2008. 异常审计收费与审计质量的损害——来自中国审计市场的证据. 中国会计评论，（4）：83-100.

郝东洋，王静. 2015. 审计师行业专长降低了公司权益资本成本吗?——基于法制环境与产权性质的分析. 财经研究，41（3）：132-144.

梁上坤. 2017. 媒体关注、信息环境与公司费用粘性. 中国工业经济，（2）：156-175.

刘文军，李秀珠，谢帮生. 2017. 杀鸡能儆猴吗?审计师个体处罚的溢出效应研究——基于共同审计经历审计师视角.当代会计评论，10（2）：86-110.

刘文军，谢帮生. 2017. 分析师预测信息来源的新发现：会计师事务所. 财经研究，43（5）：76-88.

毛丽娟，朱铁琳. 2015. 审计质量、财务重述与审计机构变更——来自中国主板上市公司的经验证据. 当代会计评论，8（2）：61-82.

宋常，杨华领，李沁洋. 2016. 审计师行业专长与企业费用粘性. 审计研究，（6）：72-79.

宋子龙，余玉苗. 2018. 审计项目团队行业专长类型、审计费用溢价与审计质量. 会计研究，（4）：82-88.

唐清泉，曾诗韵，蔡贵龙，等. 2018. 审计师提供并购尽职调查会影响财务报表的审计质量吗？审计研究，（1）：94-102.

王生年，宋媛媛，徐亚飞. 2018. 审计师行业专长缓解了资产误定价吗？审计研究，（2）：96-103.

王晓珂，王艳艳，于李胜，等. 2016. 审计师个人经验与审计质量. 会计研究，（9）：75-81.

伍利娜，王春飞，陆正飞. 2012. 企业集团统一审计能降低审计收费吗. 审计研究，（1）：69-77.

鄢翔，张人方，黄俊. 2018. 关键事项审计报告准则的溢出效应研究. 审计研究，（6）：73-80.

杨金凤，陈智，吴霞等. 2018. 注册会计师惩戒的溢出效应研究——以与受罚签字注册会计师合作的密切关系为视角. 会计研究，（8）：65-71.

杨清香，姚静怡，张晋. 2015. 与客户共享审计师能降低公司的财务重述吗?——来自中国上市公司的经验证据. 会计研究，（6）：72-79，97

杨育龙，吴溪，陈旭霞. 2017. 中国本土会计师事务所的网站信息能揭示审计质量差异吗？审计研究，（6）：67-75.

曾姝，李青原. 2016. 税收激进行为的外溢效应——来自共同审计师的证据. 会计研究，（6）：70-76，95.

张宏亮，文挺. 2016. 审计质量替代指标有效性检验与筛选. 审计研究，（4）：67-75.

张龙平，潘临. 2018. 签字会计师繁忙度与审计质量——来自中国上市公司的经验证据. 财经论丛，（3）：58-67.

Aobdia D. 2015. Proprietary information spillovers and supplier choice：evidence from auditors. Review of Accounting Studies，20（4）：1504-1539.

Archambeault D，DeZoort F T，Hermanson D R. 2008. Audit committee incentive compensation and accounting restatements. Contemporary Accounting Research，25（4）：965-992.

Audousset-Coulier S，Jeni A，Jiang L. 2016. The validity of auditor industry specialization measures. Auditing：A Journal of Practice & Theory，35（1）：139-161.

Balsam S，Krishnan J，Yang J S. 2003. Auditor industry specialization and earnings quality. Auditing：A Journal of Practice & Theory，22（2）：71-97.

Basu S. 1997. The conservatism principle and the asymmetric timeliness of earnings. Journal of Accounting and Economics，24（1）：215-241.

Becker C L，Defond M ，Jiambalvo J，et al. 1998. The effect of audit quality on earnings management. Contemporary Accounting Research，15（1）：1-24.

Bedard J C，Biggs S F. 1991. The effect of domain-specific experience onevaluation of management representations in analytical procedures. Auditing：A Journal & Practice and Theory，10（Supplement）：77-90.

Blacconiere W G，Frederickson J R，Johnson M F，et al. 2011. Are voluntary disclosures that disavow the reliability of mandated fair value information informative or opportunistic? Journal of Accounting & Economics，52（2~3）：235-251.

Brown J L，Drake K D. 2014. Network ties among low-tax firms. Accounting Review，89（2）：483-510.

Cai Y，Kim Y，Park J C，et al. 2016. Common auditors in M&A transactions. Journal of Accounting and Economics，61（1）：71-79.

Chin C L，Chi H Y. 2009. Reducing restatements with increased industry expertise. Contemporary Accounting Research，26（3）：729-765.

Chi H Y，Chin C L. 2011. Firm versus partner measures of auditor industry expertise and effects on auditor quality. Auditing：A Journal of Practice & Theory，30（2）：201-229.

Chircop J，Johan S，Tarsalewska M. 2018. Common auditors and cross-country M&A transactions. Journal of International Financial Markets，Institutions and Money，54：43-58.

Craswell A T，Francis J R，Taylor S L. 1995. Auditor brand name reputation and industry specialization. Journal of Accounting and Economics，20（3）：297-322.

Deangelo L E. 1981. Auditor independence，"low balling"，and disclosure regulation. Journal of Accounting and Economics，3（2）：113-127.

Deangelo L E. 2006. Auditor size and audit quality. Journal of Accounting & Economics，3（3）：183-199.

DeFond M L，Jiambalvo J. 1991. Incidence and circumstances of accounting errors. The Accounting Review，66（3）：643-655.

Dhaliwal D S，Lamoreaux P T，Litov L P，et al. 2016. Shared auditors in mergers and acquisitions. Journal of Accounting and Economics，61（1）：49-76.

Dopuch N，Simunic D. 1982. Competition in auditing：an assessment. Fourth Symposium on Auditing Research，Champaign.

Fan J P H，Wong T J. 2005. Do external auditors perform a corporate governance role in emerging markets? Evidence from East Asia. Journal of Accounting Research，43（1）：35-72.

Francis J R，Krishnan J. 1999. Accounting accruals and auditor reporting conservatism. Contemporary Accounting Research，16（1）：135-165.

Francis J R，Michas P N. 2013. The contagion effect of low-quality audits. The Accounting Review，88（2）：521-552.

Francis J R，Pinnuck M，Watanabe O V. 2014. Auditor style and financial statement comparability. The Accounting Review，89（2）：605-633.

Francis J R，Reichelt K，Wang D. 2005. The pricing of national and city-specific reputations for industry expertise in the U.S. audit market. The Accounting Review，80：113-136.

Ghosh A，Moon D. 2005. Auditor tenure and perceptions of audit quality. Accounting Review，80（2）：585-612.

Gleason C A，Johnson N T J B. 2008. The contagion effects of accounting restatements. The Accounting Review，83（1）：83-110.

Gul F A，Wu D，Yang Z. 2013. Do individual auditors affect audit quality? Evidence from archival data. The Accounting Review，88（6）：1993-2023.

Johnson P E, Jamal K, Berryman R G. 1991. Effects of framing on auditor decisions. Organizational Behavior & Human Decision Processes, 50（1）：75-105.

Krishnan G V. 2003. Does big 6 auditor industry expertise constrain earnings management? Accounting Horizons, 17（S1）：1-16.

Krishnan G V. 2005. The association between big 6 auditor industry expertise and the asymmetric timeliness of earnings. Journal of Accounting, Auditing and Finance, 20（3）：209-228.

Kwon S Y, Shin H G, Jeong J Y. 2006. The effect of audit hours and audit fees on earnings management. Korean Accounting Association, 31（4）：175-201.

Lennox C. 1999. Are large auditors more accurate than small auditors? Accounting and Business Research, 29（3）：217-227.

Maletta M, Wright A. 1996. Audit evidence planning：an examination of industry error characteristics. Auditing：A Journal of Practice & Theory, 15（1）：71-86.

Nelson M W, Elliott J A, Tarpley R L. 2003. How are earnings managed? Examples from auditors. Accounting Horizons, （5）：17-35.

Palmrose Z. 1986. Audit fees and auditor size：future evidence. Journal of Accounting Research, 24（1）：97-110.

Romanus R N, Maher J J, Fleming D M. 2008. Auditor industry specialization, auditor change, and accounting restatements. Accounting Horizons, 22（4）：389-413.

Sundgren S, Svanstrom T. 2014. Auditor-in-charge characteristics and going-concern reporting. Contemporary Accounting Research, 31（2）：531-550.

Teoh S H, Wong T J. 1993. Perceived earnings auditor response quality and the coefficient. The Accounting Review, 68：346-366.

Watts R L, Zimmerman J L. 1983. Agency problems, auditing, and the theory of the firm：some evidence. The Journal of Law and Economics, 26（3）：613-633.

Whitworth J D, Lambert T A. 2014. Office-level characteristics of the big 4 and audit report timeliness. Auditing, 33（3）：129-152.

Yan H, Xie S. 2016. How does auditors' work stress affect audit quality? Empirical evidence from the Chinese stock market. China Journal of Accounting Research, 9（4）：305-319.

Are the Common Auditors More Independent? Based on Audit Quality

Liang Tang[1], Yiyang Huang[1] and Xiangyu Wan[2]

1. School of Economics and Management, Northeast Normal University, Changchun, Jilin, China 130117

2. Institute of Quantitative & Technical Economics, Chinese Academy of Social Sciences, Beijing, China 100732

Abstract: What contributes to the empirical regularity that the same signing accountant audits multiple listed companies? One hypothesis is that the signing accountant has industry expertise that many firms in the industry need. The alternative hypothesis is that the signing accountant tends to give audit opinion that caters to the audited company. Our analysis of a dataset of listed companies in China from 2005 to 2018 reveals that the industry expertise of the signing accountant is not the reason for the accountant to be hired by multiple companies. The common signing accountant shared by multiple companies is more likely to issue standard audit opinion and is less independent. In addition, the audit quality of the common signing accountant declines with the number of listed companies being audited. Interestingly, the signing accountants from the Big 4 accounting firms do not audit more listed companies. Instead, they audit more assets. Our results suggest that the greater the number of companies audited by the same signing accountant is, the worse the agency problems in these companies are. As a policy recommendation, our results suggest that the same auditor should not audit an excessive number of listed companies.

Keywords: common auditors; independence; audit quality; industry expertise; signing accountant.

当代会计评论
第12卷第4辑
2019年

Contemporary Accounting Review
Vol.12 No.4
2019

地区风险文化与企业风险承担*

丁龙飞　谢获宝　廖珂
（武汉大学经济与管理学院，湖北 武汉 430073）

【摘要】 风险文化作为重要的文化维度，深刻地影响公司治理。本文以2008~2014年沪深A股非金融上市公司为研究对象，从地区正式制度、企业制度和管理者风险偏好的角度，考察地区风险文化对企业风险承担的影响。结果发现：在其他条件相同时，地区风险文化通过优化地区金融生态、推进对管理层采用股权激励薪酬制度及提高管理层的风险容忍度，促进企业风险承担。进一步研究发现，当企业外部经济政策不确定性较高、陷入财务困境及管理层自主权较大时，地区风险文化促进企业风险承担的效应较显著。此外，本文还发现地区风险文化更多地体现为冒险精神，通过促进企业风险承担，进而优化企业资源配置效率。本文的研究丰富了文化与金融理论的文献，拓展了风险承担影响因素的研究，有利于深化对正式制度与非正式制度相互作用的理解。
【关键词】 风险文化　风险偏好　风险承担　非正式制度

一、引　言

企业风险承担是一种决策行为取向，主要体现为管理者在投资决策过程中对预期收益和不确定性因素的分析和选择（Wright et al. 1996）。社会文化理念深深地烙印在社会

---

* 丁龙飞，博士研究生，E-mail：longfeidingwhu@163.com；谢获宝（通讯作者），教授，E-mail：xie_hb@263.net；廖珂，助理教授，E-mail：liaoke@whu.edu.cn。本文受到国家自然科学基金青年科学基金项目“公益型积极股东能否发挥治理作用？——基于中证投服‘持股行权’的理论与实证研究”（71902149）；教育部人文社会科学研究规划基金项目“去杠杆影响企业风险承担的经济后果、机制路径及优化策略研究”（19YJA630093）；教育部人文社会科学研究青年基金项目“上市公司市值管理行为异化现象的诱因与监管对策研究”（19YJC630096）的资助。本文曾在“《当代会计评论》2019学术年会暨博士生工作坊”上报告，作者感谢厦门大学刘峰教授、杜兴强教授和沈江华助理教授、上海财经大学李增泉教授、重庆大学辛清泉教授、上海交通大学夏立军教授和苏州大学权小锋教授及匿名审稿专家的建设性评论。

人员的思维方式和行为规范之中，直接影响着人们的经济行为（Hofstede 1980），也影响管理者个体的风险决策制定（Li et al. 2013）。风险社会理论认为风险是文化感知的结果，表现出明显的“集体建构”共性，在不同文化背景中有不同的解释话语，是当代社会凸显的文化现象（Li et al. 2013）。新制度经济学认为，非正式制度（文化）对正式制度具有重要作用，直接或间接地影响微观主体行为（Williamson 2000）。陈冬华等（2013）指出，理解中国特色的转型问题，不仅仅需要关注现代企业正式制度，更要深入研究历史进程中积淀的非正式制度。同时，风险承担是经济长期增长的基础和支撑。由此可见，考察地区风险文化对企业风险承担的影响，以期发现非正式制度（文化）影响微观企业行为的机制具有一定的理论和现实意义。

风险文化作为重要的文化维度（Hofstede 1980），衡量人们对待未知风险的态度，深刻地影响企业治理和资本市场（Kumar et al. 2011）。基于资源依赖理论，组织与周围环境处于相互依存和相互作用之中，不可避免地受到当地文化或制度的影响。若当地风险文化体现冒险精神，则股权市场在经济中具有主导作用（Kwok and Tadesse 2006），企业倾向于采用股权激励（Spalt 2013），管理层风险容忍度高，从而促进企业风险承担。同时，相关研究表明，正式制度对企业风险承担发挥着重要作用，而新制度经济学认为非正式制度又能影响正式制度，因而风险文化这一非正式制度是否对微观企业行为也具有间接影响呢？在行为金融领域，相关研究主要从区域、企业和个体三个层次探讨风险文化的经济后果，具体表现在：投资者所在地风险文化对投资行为的影响（Kumar 2009，Kumar et al. 2011，Shu et al. 2012）、企业总部所在地风险文化对企业行为的影响（Bae et al. 2012，Chen et al. 2014，Schneider and Spalt 2017，赵奇锋等 2018），以及地区风险文化对地区正式制度的影响（Kwok and Tadesse 2006）。已有的成果为深入理解风险文化对微观主体的作用提供了可参照的分析框架和技术路径。

本文通过实证研究发现，地区风险文化通过优化地区金融生态、推进对管理层采用股权激励薪酬制度及提高管理层的风险容忍度，促进企业风险承担。其贡献主要体现在如下方面：①本文丰富了文化与金融理论的文献。Hofstede（1980）将地区文化特征划分为个人主义、权力距离、不确定性规避和男性主义四个重要维度。随后，越来越多的文献通过跨国研究，得出地域文化对微观组织行为具有异质性影响的结论。陈冬华等（2013）指出，同一个国家不同地区间的正式制度差异相对较小，因而在一国内部关注非正式制度的经济后果更具有稳健性。国内对于风险文化的研究较缺乏，仅有赵奇锋等（2018）研究地区博彩文化对企业创新的影响。本文利用中国风险文化度量的优势，融合风险社会理论与行为金融，丰富了地区风险文化这一非正式制度对微观组织的作用的研究。②本文拓展了风险承担影响因素的相关研究。传统的风险承担影响因素的研究基于理性经济人假设，过多关注正式制度，较少涉及非正式制度。探索新兴经济体的异质性现象还需着重理解在历史中缓慢形成且影响深远的非正式制度。而仅从近代引进和改良的正式制度的角度去解释中国特色的经济社会问题，是具有局限性的（Allen et al. 2005）。同时，现有涉及文化对企业决策的研究较少关注间接效应（Aggarwal et al. 2016）。本文从地区正式制度、企业制度和管理者风险偏好三个层次，探讨地区风险文化对企业风险承担的直接和间接影响。③本文有利于深化对正式制度与非正式制度相互作用的理解，为相关正式制度的制定提供理论参考。正式制度的有效执行依赖于非正式制度的支持（张维迎和邓峰 2003）。因而，在制定政策和加强监管时需考虑非正式制度在企业治理中发挥的作用，将正式制度与非正式制度有机结合，从而提高执行和监督的效率。

二、文献综述与研究假设

（一）文献综述

在新兴资本市场国家中，由于存在先天性缺陷和不足，正式制度对企业的治理效应可能存在失灵，因而从非正式制度出发探寻市场经济的道德和伦理基础，极具现实意义（韦森 2015）。非正式制度在历史进程中逐步形成，表现出稳定性和延续性的特征，为正式制度的构建和执行奠定基础。因此，当正式制度对社会和经济现象的解释较为局限时，以非正式制度为视角会打开理论的“黑箱”，这也是当前公司治理研究的热点。文化作为非正式制度的代表，对经济社会的发展具有潜移默化的影响（Greif 1994，Gorodnichenko and Roland 2011）。文化和金融的交叉与融合正成为金融经济学领域的研究新动向（Guiso et al. 2015）。一些学者也尝试从区域层面（Stulz and Williamson 2003，Gorodnichenko and Roland 2011）、企业层面（Giannetti and Yafeh 2012，Li et al. 2013，Ahern et al. 2015）和个体层面（Guiso et al. 2008，Siegel et al. 2011，Eun et al. 2015）用非正式制度中的文化来比较和解释微观主体行为的差异。例如，Stulz和Williamson（2003）发现，宗教文化的异质性会导致地区对投资者保护制度的差异。Giannetti和Yafeh（2012）的研究表明，债权人和债务人之间的文化距离影响借款规模和利率水平。Guiso等（2008）通过实证研究对比发现，地区信任文化的差异影响个体的股票投资行为。

风险文化（或风险规避）是文化的重要维度之一。Li等（2013）发现，地区风险文化对企业风险决策制定的影响，可以是直接的，也可通过企业所在地的正式制度间接起作用。但到目前为止，地区风险文化与企业行为关系的实证研究仍然比较少。这其中最大的困难在于风险文化的度量。基于数据可得性及美国各地区彩票政策的不一致性，国外文献采用地区清教徒与天主教徒所占比例作为地区风险文化的代理指标，具有较大的噪声和局限性。Chen等（2014）认为，地区彩票销售应该是一个更直接的指标。目前，有关地区风险文化与企业金融的研究基本局限在美国，具体表现在以下方面：①投资者所在地风险文化对投资行为的影响。Kumar（2009）发现，位于风险文化高的地区的个人投资者更有可能投资乐透型股票。Kumar等（2011）认为投资者所在地风险文化能够影响投资组合和股票回报。②企业总部所在地风险文化对企业行为的影响。Schneider和Spalt（2017）发现，位于风险文化高的地区的企业倾向于并购发行乐透型股票的上市公司。Bae等（2012）发现，风险规避程度高的文化中，只有投资者处于较强的保护下，企业才会发放更多股利。Kumar等（2011）发现，位于风险文化高的地区的企业更倾向于实施股票期权计划，且IPO（initial public offering，首次公开募股）首日的回报率较高。Chen等（2014）、Adhikari和Agrawal（2016）研究发现，位于风险文化较高地区的企业更倾向于进行高风险投资，创新投入和创新产出都比较高。赵奇锋等（2018）认为地区博彩偏好会阻碍企业创新。Shu等（2012）发现，位于风险文化高的地区的共同基金更具冒险精神。③地区风险文化对地区正式制度的影响。Kwok和Tadesse（2006）对比德国和美国社会的风险文化，得出具有更高风险文化的美国的股权市场在经济中具有主导作用的结论。

企业风险承担是一种决策行为取向。传统研究是基于完美资本市场条件下管理者风险中性的假设。然而，现实中的资本市场是不完美的，管理者也并非风险中性。非正式制度（文化）直接或间接地影响企业的决策制定。Li等（2013）的研究结论表明，个人主义促进企业风险承担，而不确定性规避、和谐的文化价值观抑制企业风险承担。Hilary和Hui（2009）以美国上市公司为研究对象，实证研究发现，上市公司所在地的宗教文化导致其风险规避行为，将宗教与风险规避关系的研究由个体扩展到组织。Adhikari和Agrawal（2016）发现，位于风险规避文化地区的银行具有较低的风险承担水平。金智等（2017）实证检验得出，企业受儒家文化影响越大，企业风险承担越小。

探究中国各地区的风险文化对微观企业行为的异质性影响具有一定的理论意义。首先，财政部公布了中国31个省（区、市）2008~2015年福利彩票和体育彩票的销售数据，为地区风险文化度量提供了更具有解释力和权威性的指标；其次，中国地缘辽阔，地区间的非正式制度异质性较高，可以帮助更好地审视风险文化的重要性；最后，中国作为发展中国家，法律制度的制定和执行并不完善，非正式制度可能占据着更为重要的地位，这为研究非正式制度（文化）对企业金融的作用提供了有利场景。

（二）研究假设

Aggarwal等（2016）结合前人的大量研究，总结了文化从外部环境、组织内部因素和管理者个人特征三个层次的渠道影响微观企业行为。企业总部所在地文化能够通过影响地区正式制度、企业制度和高管认知模式来影响风险承担水平（Li et al. 2013）。

地区风险文化（非正式制度）通过影响地区正式制度影响企业风险承担。地区正式制度会受到文化价值的影响。Kwok和Tadesse（2006）对比德国和美国社会的风险文化，认为具有更低风险文化的德国的债权市场在经济中具有主导作用。John等（2008）、Acharya等（2009）、King和Wen（2011）认为，法律强调保护债权人会限制企业的风险决策，从而降低其风险承担水平。同时，风险文化型社会往往具有良好的金融市场体系，偏向于保障股东权利，从而增加企业风险承担水平（John et al. 2008，Li et al. 2013）。因此，具有较高风险文化的地区，金融生态较好，企业风险承担水平较高。

地区风险文化通过影响企业制度来影响企业风险承担。Jenson和Meckling（1976）提出的代理理论表明，所有权与控制权的分离导致个别管理者以个人利益最大化和企业风险最小化为原则，放弃风险较高但预期收益为正的项目，进而损害企业价值。由此可见，委托代理问题是企业风险决策的重要影响因素。而激励机制能够实现委托代理双方利益的趋同，为管理层实现企业利益最大化、主动承担风险提供动力。由此可见，代理问题是影响企业风险承担行为决策的重要因素。而有效的激励机制可促使双方利益达成一致，为管理层承担风险、追求利益提供了动力。在受风险规避文化影响深的组织中，股权激励较少采用（Bryan et al. 2012），这使得个别高管以个人利益最大化为原则，减少对高风险项目的投资，从而抑制企业风险承担。相反，在风险文化高的地区，股票期权计划对高管具有很强的吸引力（Spalt 2013）。而高管持有期权可以鼓励他们投资风险高的项目。Low（2009）发现，高管股权激励能够显著提高企业风险承担水平。由此可见，地区风险文化会增加对管理层采用股权激励薪酬制度的可能性，从而促进企业风险承担。

地区风险文化通过影响高管风险偏好来影响企业风险承担。社会心理学家通过跨文化心理学理论发现，社会文化改变人的价值观和基本认知方式（Ji et al. 2010）。制度理论认为，管理者会有意识或无意识地遵循当地的规范、习惯、习俗和传统（Berger and Luckmann 1976）。高管的行为可能受企业总部所处地域的正式制度和非正式制度等两方面因素的制约（张三保和张志学 2012）。而依据高阶梯队理论，高管团队的认知模式等会影响企业战略决策（Hambrick and Mason 1984）。企业风险承担水平的高低反映出管理者投资决策时对投资项目的选择（余明桂等 2006）。Palmer和Wiseman（1999）发现，环境特征主要通过影响管理者的行为，间接作用于企业风险承担水平。因此，当地的风险文化会影响管理者的风险偏好。Cain和McKeon（2016）发现，高管的个人风险承担偏好会影响企业风险承担水平。Spurrier等（2015）发现，风险文化更高的人倾向于对不确定性持乐观态度，从而更加偏好风险。由此可见，地区风险文化会提高管理层的风险容忍度，从而促进企业风险承担。

根据以上分析，本文提出以下假设。

假设1：在其他条件相同时，地区风险文化会促进企业风险承担。

三、研究设计与描述性统计

（一）数据来源与样本选择

由于中国各地区彩票销售数据从2008年开始以每3年为一个观测时段来计算企业风险承担水平[①]，本文采用2008~2014年沪深A股的非金融类上市公司为初始研究样本。在剔除了存在缺失的变量值后，最终得到13 400个观测值。上市公司数据来源于CSMAR数据库和WIND数据库，地区彩票销售数据从财政部网站收集整理。为了控制极端值的影响，本文对所有连续变量进行了上下1%的Winsorize处理。

① 中国上市公司的高管任期一般为3年。

（二）变量定义与模型设计

1. 风险承担

借鉴潘红波等（2013）和Faccio等（2011）的方法度量风险承担（用Risktaking表示）。首先，将每个上市公司的ROA（息税前利润/期末总资产）分年度、分行业减去同年、同行业ROA均值进行调整，这样做的目的在于消除经济周期和行业的影响，从而得到一个体现上市公司风险决策水平的干净值（AdjROA）。其次，计算企业在每一观测时段内AdjROA的标准差，得到Risktaking1。

$$\text{Risktaking1}_i = \sqrt{\frac{1}{N-1}\sum_{n=1}^{N}\left(\text{AdjROA}_{i,n} - \frac{1}{N}\sum_{n=1}^{N}\text{AdjROA}_{i,n}\right)^2} \quad (N=3)$$

$$\text{AdjROA}_{i,n} = \frac{\text{EBIT}_{i,n}}{\text{Asset}_{i,n}} - \frac{1}{X}\sum_{k=1}^{X}\frac{\text{EBIT}_{i,n}}{\text{Asset}_{i,n}}$$

其中，EBIT为息税前利润；Asset为期末总资产；i为企业；n为观测时段内的年度，取值1~3；X为某行业的企业总数量；k为该行业的第k家企业。

借鉴李小荣和张瑞君（2014）的方法，采用每个上市公司样本期间最大与最小的AdjROA的差额表示风险承担（Risktaking2）。

$$\text{Risktaking2} = \max \text{AdjROA} - \min \text{AdjROA}$$

2. 风险文化

地区彩票销售量测量地区居民的风险文化具有可靠性，但美国各地区彩票政策的不一致性[①]导致这一指标具有局限性（Kumar et al. 2011）。因而，国外文献更多采用地区清教徒与天主教徒所占比例作为地区风险文化的代理指标，使用彩票销售数据进行稳健性检验。同时，地区宗教特征也能影响地区彩票销售和彩票政策（Diaz 2000）。本文借鉴赵奇锋等（2018）的度量方法，使用人均彩票销售额占人均地区生产总值的比重作为当地风险文化的代理变量（以Lottratio表示），即企业总部所在地居民购买彩票的支出越高，当地风险文化程度越高。

本文在研究地区风险文化时，采用地区层面的彩票销售量度量，主要原因如下：其一，行为金融学理论指出，彩民具有过度自信倾向，对风险的敏感度较低，并普遍认为自己获利会高于市场平均水平。而彩票是以“大概率的小损失”换取“小概率的大收益”的产品，能够反映系统性风险文化差异。其二，城市中的中低收入人群购买彩票的欲望较强，彩票支出较多（Haisley et al. 2008）。而这一人群由于受到“安土重迁”传统观念的影响及户籍制度的限制，现代思想接受程度低，人口流动性低，其行为更能反映该地区传统和稳定的文化。其三，中国各地区的彩票政策统一，且彩票销售数据由财政部公布，比较权威。

① 美国部分州或地区禁止彩票销售，并且每个区域允许彩票销售的时间不一致。

3. 控制变量

为得到当地风险文化对企业风险承担的具体影响，本文在参考以往文献的基础上控制了一系列影响企业风险承担的重要变量。这些控制变量（以Controls表示）包括：①企业成长性（Growth），定义为企业主营业务收入的年增长率，销售收入增长率越快的企业营利能力越强，企业通过高风险投资项目获取利润的动机较弱，因而预期Growth的系数为负值；②企业规模（Size），定义为总资产的自然对数，相对于大企业，小企业具有更强烈的风险文化，其风险承担水平更高，因而预期Size的系数为负值；③资产负债率（Lev），定义为总负债与总资产的比例，负债水平越高的企业，其风险承担水平也越高，因而预期Lev的系数为正值；④企业年龄（Age），定义为企业上市年限的自然对数，企业经营年限越长，其风险承担水平越高，因而预期Age的回归系数显著为正值；⑤两职合一（Dual），定义为若总经理兼任董事长，取值为1，否则为0，两职合一时，CEO（chief executive officer，首席执行官）倾向于过度自信，因而预期Dual的系数为正值；⑥所有权性质（SOE），当企业实际控制人是国有企业时，取值为1，否则为0，国有企业容易受到政府的干预，多基于政治因素进行决策，倾向于选择风险性更低、更为稳健的投资项目，因而预期SOE的系数为负值。

除了企业层面的控制变量，本文还进一步控制了企业总部所在省（区、市）的一系列特征变量。这些变量包括：①企业所在省（区、市）人均生产总值（PerGDP），定义为企业总部所在省（区、市）人均生产总值的对数；②地区市场化指数（Mark），该指数选自《中国分省份市场化指数报告（2016）》，较为系统地量化了2008~2014年中国地区间的制度差异与变迁过程；③地区金融生态环境（Finsco），该指数选自李扬和张涛（2009）、刘煜辉和陈晓升（2011）、王国刚等（2015）报告的中国各地区金融生态环境综合指数[①]。

此外，本文在模型中还设置了行业虚拟变量（IndD）、年度虚拟变量（YearD）及地区虚拟变量（AreaD）作为控制变量。

4. 模型设计

为检验假设1，本文设计如下模型（1）。

$$\text{Risktaking}_{i,t}=\alpha+\beta_1\text{Lottratio}_{i,t}+\sum\text{Controls}_{i,t}+\sum\text{IndD}+\sum\text{YearD}+\sum\text{AreaD}+\varepsilon \quad (1)$$

其中，α为截距项；β_1为主要关注的估计系数；ε为随机扰动项。为减轻序列相关的影响，在模型回归中控制了行业、年度和地区固定效应。为了减轻异方差的影响，本文报告了经异方差调整的Robust t值。

（三）描述性统计

表1列出了解释变量、被解释变量和控制变量的样本量、均值、标准差等描述性统计特征的结果。数据表明，企业风险承担(Risktaking1)的均值为0.056，标准差为0.090，说

① 2011 年、2012 年、2015 年和 2016 年的数据用相邻年份的数据替代。

明各企业的风险承担水平存在较大差异。风险文化（Lottratio）的均值为4.480，标准差为1.159，意味着各地区风险文化存在差异，也说明中国各地区彩票销售额占人均地区生产总值的比重约为4.48‰。企业成长性(Growth)均值和标准差分别为0.194和0.522，说明企业平均保持着较高的销售增长水平，且企业间差异较大。资产负债率(Lev)均值和标准差分别为0.469和0.234，说明中国上市公司的负债率普遍较高。

表1 描述性统计特征的结果

变量	样本量	均值	标准差	最小值	中位数	最大值
Risktaking1	13 400	0.056	0.090	0.002	0.022	0.491
Risktaking2	13 400	0.103	0.162	0.003	0.042	0.874
Lottratio	13 400	4.480	1.159	2.109	4.519	8.483
Growth	13 400	0.194	0.522	−0.658	0.114	3.713
Size	13 400	21.817	1.287	18.944	21.672	25.729
Lev	13 400	0.469	0.234	0.047	0.468	1.247
Age	13 400	2.098	0.760	0	2.398	3.091
Dual	13 400	0.205	0.404	0	0	1.000
SOE	13 400	0.452	0.498	0	0	1.000
PerGDP	13 400	10.745	0.480	9.581	10.836	11.513
Mark	13 400	7.310	1.679	2.940	7.510	9.950
Finsco	13 400	0.536	0.129	0.296	0.549	0.779

四、检验结果与分析

（一）单变量分析

在回归分析之前，本文对所有样本按企业总部是否位于风险文化较高地区进行了独立样本均值t检验。表2显示，相对位于风险文化较低地区的企业而言，位于风险文化较高地区的企业风险承担水平的均值较高，且在0.01的水平上显著，这在一定程度上反映出地区风险文化提高了企业风险承担水平，初步支持了假设1。地区风险文化高低的虚拟变量按照企业所在地人均彩票销售额占人均地区生产总值的比重是否超过当年平均水平确定。

表2 组间均值差异*t*检验

变量	样本量（0）	均值（0）	样本量（1）	均值（1）	均值差异	*t* 值
Risktaking1	6 624	0.052	6 776	0.060	−0.008***	−5.264
Risktaking2	6 624	0.096	6 776	0.111	−0.015***	−5.212
Growth	6 624	0.184	6 776	0.204	−0.020**	−2.185
Size	6 624	21.835	6 776	21.800	0.035	1.590
Lev	6 624	0.482	6 776	0.458	0.024***	5.957
Age	6 624	2.157	6 776	2.041	0.117***	8.914
Dual	6 624	0.188	6 776	0.222	−0.034***	−4.814
SOE	6 624	0.485	6 776	0.416	0.069***	8.031
PerGDP	6 624	10.706	6 776	10.783	−0.077***	−9.352
Mark	6 624	7.242	6 776	7.377	−0.135***	−4.660
Finsco	6 624	0.518	6 776	0.554	−0.036***	−16.205

***、**分别表示显著性水平为 0.01、0.05

（0）代表风险文化较低地区；（1）代表风险文化较高地区

（二）基本结果分析

本文进行基准模型回归，采用普通最小二乘（ordinary least square，OLS）法和面板数据的双向固定效应（fixed-effect，FE）回归模型，回归估计结果如表3所示。

表3 地区风险文化与企业风险承担

变量	Risktaking1		Risktaking2	
	（1）	（2）	（3）	（4）
	OLS	FE	OLS	FE
Lottratio	0.005***	0.005***	0.009***	0.009***
	（3.00）	（2.75）	（3.00）	（2.72）
Growth	−0.006***	−0.007***	−0.011***	−0.012***
	（−3.62）	（−4.22）	（−3.62）	（−4.19）
Size	−0.013***	−0.002	−0.023***	−0.003
	（−16.47）	（−0.56）	（−16.83）	（−0.55）
Lev	0.068***	0.075***	0.124***	0.135***
	（12.06）	（4.81）	（12.33）	（4.90）
Age	0.006***	−0.007	0.012***	−0.012
	（5.36）	（−1.37）	（5.54）	（−1.29）
Dual	0.001	0.001	0.002	0.002
	（0.62）	（0.25）	（0.60）	（0.29）

续表

变量	Risktaking1		Risktaking2	
	(1)	(2)	(3)	(4)
	OLS	FE	OLS	FE
SOE	−0.005***	−0.003	−0.009***	−0.005
	(−2.81)	(−0.57)	(−2.88)	(−0.55)
PerGDP	−0.021*	−0.021	−0.037*	−0.038
	(−1.83)	(−1.36)	(−1.85)	(−1.37)
Mark	−0.007**	−0.013***	−0.012**	−0.022***
	(−2.31)	(−3.58)	(−2.34)	(−3.54)
Finsco	0.060*	−0.017	0.102*	−0.032
	(1.94)	(−0.50)	(1.84)	(−0.52)
行业效应	控制	未控制	控制	未控制
年度效应	控制	控制	控制	控制
地区效应	控制	未控制	控制	未控制
截距项	0.499***	0.373**	0.921***	0.674**
	(3.86)	(2.15)	(3.96)	(2.16)
N	13 400	13 400	13 400	13 400
调整的 R^2	0.16	0.05	0.16	0.05

***、**、*分别表示显著性水平为 0.01、0.05、0.1

注：括号内为基于稳健标准误修正的 t 值

表3第（1）列、第（3）列列示了地区风险文化与企业风险承担的普通最小二乘法估计结果，其中第（1）列Lottratio的回归系数为0.005，在0.01的水平上显著，说明在控制地区、行业及年份固定效应后，地区风险文化与企业风险承担呈显著的正相关关系。具体来看，企业所在地人均彩票销售额占人均地区生产总值的比重每上升千分之一会导致企业风险承担水平平均增加0.5%，且在0.01的水平上显著。第（3）列Lottratio的回归系数为0.009，在0.01的水平上显著，说明在控制地区、行业及年份固定效应后，地区风险文化与企业风险承担呈显著的正相关关系。同时，Finsco的回归系数在第（1）列、第（3）列都显著为正值，说明地区金融生态环境的完善能促进企业风险承担。

为剔除内生性问题的影响及增强模型稳健性，本文采用面板数据的双向固定效应回归模型。表3第（2）列、第（4）列列示了地区风险文化与企业风险承担的双向固定效应回归模型的结果，Lottratio的回归系数均为正值，且均在0.01的水平上显著，表明地区风险文化与企业风险承担呈显著的正相关关系。以上控制变量的回归结果基本符合理论预期，与大部分已有研究结果相一致。

（三）内生性问题讨论

针对地区风险文化与企业风险承担之间可能存在的内生性问题，本文采用以下方法予以控制。

1. 遗漏变量问题

尽管本文已经按照现有文献的方法，尽可能地控制了影响企业风险承担的其他因素，但地区风险文化与企业风险承担的关系可能会受到遗漏变量的影响，从而导致普通最小二乘法估计结果有偏误。例如，地区的现代化程度和教育制度会同时影响地区文化和企业行为（Polavieja 2015）。为了解决本文可能存在的遗漏变量问题，本文使用两阶段最小二乘（two-stage least squares，2SLS）法并控制企业所在地特征和董事会特征。传统宗教能够识别出规避风险的态度（陈冬华等 2013）。Hilary和Hui（2009）指出，宗教信仰会导致风险厌恶。因此，使用企业总部所在地方圆100千米寺庙数量的自然对数（以Reli100表示）作为地区风险文化的工具变量符合内生解释变量的相关性要求。同时，这些寺庙大多数为100年以前所建，具有历史性，其分布与当前经济发展水平不存在必然关系，也不直接影响上市公司的风险承担水平，满足外生性要求。

表4的第（1）列是第一阶段的回归结果。工具变量Reli100的回归系数显著为负值，与预期相符。同时，工具变量Reli100调整的R^2为0.85，对应的F统计值为18.29，且在0.01的水平上显著，拒绝了弱工具变量的假设。第（2）列是第二阶段的回归结果，其中Lottratio的系数显著为正值，从结果来看，地区风险文化仍然会影响企业风险承担。同时，企业所在地特征和董事会特征也可能是模型遗漏的影响因素，除基准模型中已经控制的企业所在地特征变量以外，本文还控制地区人口自然增长率（Popincrease）、地区男女性别比（Genderatio）、董事会规模（Dirnum）和独立董事占比（Outdir），估计结果不改变本文的主要结论。可见，遗漏变量问题并不会影响本文的研究结论。

表4 工具变量法回归结果

变量	（1）	（2）
	第一阶段	第二阶段
Lottratio		0.241*
		（1.65）
Reli100	−0.014**	
	（−2.05）	
Growth	−0.018**	−0.002
	（−2.43）	（−0.51）
Size	0.007*	−0.014***
	（1.94）	（−9.77）
Lev	−0.050**	0.079***
	（−2.47）	（8.40）
Age	−0.012*	0.009***
	（−1.83）	（3.56）
Dual	0.019*	−0.003
	（1.92）	（−0.82）
SOE	0.007	−0.006**
	（0.77）	（−2.03）
PerGDP	−1.066***	0.232
	（−16.79）	（1.48）
Mark	0.434***	−0.109*
	（34.34）	（−1.72）

续表

变量	（1）	（2）
	第一阶段	第二阶段
Finsco	3.267***	−0.711
	（22.94）	（−1.49）
行业效应	控制	控制
年度效应	控制	控制
地区效应	控制	控制
截距项	7.899***	−1.367
	（11.11）	（−1.17）
N	13 400	13 400
调整的 R^2	0.85	0.31

***、**、*分别表示显著性水平为 0.01、0.05、0.1

注：括号内为基于稳健标准误修正的 t 值

2. 自选择问题

企业有可能会选择有利于实施风险活动的地方作为总部所在地，从而产生自选择问题。为了解决这一问题，本文采用倾向得分匹配（propensity score matching，PSM）方法。表5报告了地区风险文化高低①对企业风险承担采用一对一匹配、邻近匹配、卡尺匹配、半径匹配、核匹配、局部线性回归匹配及马氏匹配方法后的估计结果。其中，ATE表示考虑整个样本的匹配结果；ATU表示只考虑位于风险文化低地区的企业的匹配结果；ATT则为仅考虑位于风险文化高地区的企业的平均处理效应，这也是本文最关心的结果。由表5可知，所有匹配结果均显著为正值，大部分显著，说明位于风险文化高地区的企业具有较高的企业风险承担水平。表5的倾向得分匹配估计结果与基准模型较为接近，进一步验证了本文的研究结论。

表5 地区风险文化对企业风险承担的倾向得分匹配估计结果

因变量类型	Risktaking1						
	（1）	（2）	（3）	（4）	（5）	（6）	（7）
	一对一匹配方法	邻近匹配方法	卡尺匹配方法	半径匹配方法	核匹配方法	局部线性回归匹配方法	马氏匹配方法
ATT	0.011***	0.011***	0.011***	0.009***	0.008***	0.009***	0.013***
	（0.002）	（0.002）	（0.002）	（0.025）	（0.023）	（0.019）	（0.022）
ATU	0.008***	0.007***	0.007***	0.007***	0.006***	0.007***	0.004***
	（0.002）	（0.002）	（0.002）	（0.042）	（0.034）	（0.038）	（0.020）
ATE	0.009***	0.009***	0.009***	0.008***	0.008***	0.008***	0.009**
	（0.002）	（0.002）	（0.002）	（0.038）	（0.032）	（0.035）	（0.020）
观测值	13 400	13 400	13 400	13 400	13 400	13 400	13 400

***、**分别表示显著性水平为 0.01、0.05

注：表中汇报的标准差除列（7）以外皆通过自助法得到

① 地区风险文化高低的虚拟变量按照企业所在地人均彩票销售额占人均地区生产总值的比重是否超过当年平均水平确定。

3. 外生事件冲击

中国彩票事务由省级相关机构独立负责。某一地区出现彩票大奖意味着奖金池大部分已被兑换，未来一段时间出现大奖的概率下降，从而抑制当地彩民购买彩票的热情。由此可见，地区出现大奖以后，彩票销售数量会显著降低，地区风险文化有所降低。本文利用“彩票大奖”这一外生随机事件构造异时DID（difference-in-difference，双重差分）模型，以更加准确地识别企业风险文化与企业风险承担之间的因果关系。其中，将“彩票大奖”定义为经过媒体报道，2008~2014年当地出现亿元彩票大奖事件。模型（2）设计如下。

$$\text{Risktaking}_{i,t}=\alpha+\beta_1\text{Treat}_i\times\text{Post}_{i,t}+\sum\text{Controls}_{i,t}+\mu_i+\lambda_t+\varepsilon_{i,t} \tag{2}$$

其中，地区发生“彩票大奖”事件时Treat为1，否则为0；Post表示“彩票大奖”事件之后为1，否则为0；这里主要关注的交乘项Treat×Post的系数β_1，表示“彩票大奖”事件发生后当地风险文化上升引致的企业风险承担水平变化的净效应；μ_i为个体固定效应；λ_t为时间固定效应。其他变量与模型（1）一致。

表6汇报了“彩票大奖”外生事件对企业风险承担水平影响的回归结果。从表6第（1）列、第（2）列中可以看到，交乘项Treat×Post与被解释变量Risktaking1和Risktaking2的回归系数分别为-0.006和-0.010，在0.1的水平上显著为负值。以上结果表明，受“彩票大奖”事件影响的地区，由于该地区风险文化降低，该地区企业风险承担水平也出现明显下降。这一结果符合理论预期。

表6 “彩票大奖”外生事件对企业风险承担水平影响的回归结果

变量	（1） Risktaking1	（2） Risktaking2
Treat×Post	-0.006^{*}	-0.010^{*}
	（-1.77）	（-1.77）
Growth	-0.007^{***}	-0.013^{***}
	（-5.37）	（-5.34）
Size	-0.002	-0.003
	（-0.90）	（-0.88）
Lev	0.074^{***}	0.133^{***}
	（11.10）	（11.20）
Age	-0.008^{**}	-0.014^{**}
	（-2.09）	（-1.97）
Dual	0.001	0.002
	（0.45）	（0.50）
SOE	-0.002	-0.003
	（-0.61）	（-0.53）
PerGDP	-0.036^{***}	-0.064^{***}
	（-3.07）	（-3.10）

续表

变量	(1) Risktaking1	(2) Risktaking2
Mark	−0.009***	−0.016***
	(−3.73)	(−3.67)
Finsco	−0.006	−0.012
	(−0.20)	(−0.23)
个体效应	YES	YES
年度效应	YES	YES
截距项	0.509***	0.917***
	(2.73)	(2.73)
N	13 352	13 352
调整的 R^2	0.39	0.40

***、**、*分别表示显著性水平为 0.01、0.05、0.1

(四)作用机制的拓展分析

前文在研究假设中提出，企业总部所在地文化能够通过影响地区金融生态环境、股权激励和高管风险偏好来影响风险承担水平。接下来，本文直接检验这三种作用机制是否成立。

在地区金融生态环境机制方面，本文将地区风险文化对地区金融生态环境评价指标进行回归，并控制地区人口自然增长率(Popincrease)、地区男女性别比(Genderatio)和人均生产总值(PerGDP)。其中，地区金融生态环境评价指标为中国各地区金融生态环境综合指数(Finsco)。表7第(1)列报告了地区风险文化对地区金融生态环境的回归结果，在表7第(1)列OLS回归结果中，Lottratio估计系数显著为正值。这表明地区风险文化通过优化地区金融生态环境促进企业风险承担。

表7 地区风险文化与企业风险承担：作用机制

变量	(1) Finsco	(2) Dumstockincentives	(3) RDratio	(4) Option
Lottratio	0.004***	0.175**	0.217**	0.168**
	(7.78)	(2.49)	(2.13)	(1.98)
Genderatio	−0.157***			
	(−21.52)			
Popincrease	−0.007***			
	(−12.72)			
PerGDP	0.068***	−1.183*	−1.606*	−1.274*
	(13.05)	(−1.88)	(−1.81)	(−1.84)
Growth		0.227***	0.561***	0.221***
		(4.89)	(4.17)	(4.47)
Size		0.468***	−0.260***	0.489***
		(15.24)	(−5.25)	(13.54)

续表

变量	(1) Finsco	(2) Dumstockincentives	(3) RDratio	(4) Option
Lev		-1.361***	-2.789***	-1.385***
		(-7.67)	(-10.02)	(-6.47)
Age		-0.323***	-0.800***	-0.265***
		(-7.70)	(-8.30)	(-5.59)
Dual		0.190***	0.016	0.263***
		(2.84)	(0.11)	(3.40)
SOE		-1.825***	-0.009	-1.748***
		(-18.00)	(-0.08)	(-14.36)
Mark		0.013	-0.117	0.064
		(0.12)	(-0.60)	(0.54)
Finsco		-0.130	-1.018	0.244
		(-0.10)	(-0.46)	(0.17)
Mholdrate1)			0.773***	
			(2.58)	
行业效应	未控制	控制	控制	控制
年度效应	控制	控制	控制	控制
地区效应	控制	控制	控制	控制
截距项	0.197***	1.042	-0.081***	0.761
	(3.32)	(0.15)	(-3.90)	(0.10)
N	11 772	13 323	3 502	12 528
调整的 R^2/伪 R^2	0.95	0.21	0.32	0.16

***、**、*分别表示显著性水平为 0.01、0.05、0.1

1）Mholdrate 为企业高管持股比例

注：括号内为基于稳健标准误修正的 t 值

在股权激励机制方面，本文将地区风险文化对高管是否实行股权激励（Dumstockincentives）进行Logit回归。表7第（2）列显示，Lottratio估计系数显著为正值，表明地区风险文化提高了企业高管实施股权激励计划的可能性。

在高管风险偏好机制方面，余明桂等（2019）认为研发投入是风险高的创新投资。本文从研发投入的角度度量高管风险偏好。RDratio表示企业研发的费用化和资本化之和与销售收入的比，该指标越大表明高管越偏好风险。同时，Graham等（2013）发现风险规避型CEO偏好固定薪酬。邱强等（2018）发现具有风险文化的管理层更倾向于股票期权激励。因而，本文也使用企业高管是否实施股票期权激励计划（Option）作为高管风险容忍度的代理指标，即企业实施股票期权激励计划的可能性越大，高管风险容忍度越高。表7第（3）列、第（4）列报告了地区风险文化对高管风险偏好的回归结果，在第（3）列OLS回归和第（4）列Logit回归结果中，Lottratio估计系数显著为正值，表明地区风险文化提高了高管的风险偏好。

（五）稳健性检验

为保证本文结论的稳健性，本文进行一系列稳健性检验。

本文使用人均福利彩票销售额（Flottratio）和人均体育彩票销售额（Slottratio）占人均地区生产总值的比重替换基准模型中的因变量进行回归［表8第（1）~（4）列］。

表8 稳健性检验结果

变量	（1） Risktaking1	（2） Risktaking2	（3） Risktaking1	（4） Risktaking2	（5） Div	（6） Risktaking1	（7） Risktaking2
Flottratio	0.006**	0.011**					
	（2.43）	（2.41）					
Slottratio			0.005**	0.009**			
			（2.16）	（2.18）			
Lottratio					−0.016*	0.004**	0.007**
					（−1.82）	（2.54）	（2.56）
Same						−0.026***	−0.045***
						（−3.83）	（−3.70）
Same×Lottratio						0.005***	0.008***
						（3.16）	（3.06）
Growth	−0.006***	−0.011***	−0.006***	−0.011***	−0.004	−0.006***	−0.011***
	（−3.61）	（−3.61）	（−3.64）	（−3.64）	（−0.52）	（−3.61）	（−3.61）
Size	−0.013***	−0.023***	−0.013***	−0.023***	0.031***	−0.012***	−0.023***
	（−16.55）	（−16.91）	（−16.50）	（−16.87）	（8.31）	（−16.23）	（−16.60）
Lev	0.068***	0.124***	0.067***	0.123***	−0.005	0.067***	0.123***
	（12.06）	（12.33）	（12.02）	（12.29）	（−0.22）	（11.96）	（12.23）
Age	0.006***	0.012***	0.006***	0.012***	0.083***	0.006***	0.012***
	（5.25）	（5.42）	（5.29）	（5.46）	（13.15）	（5.31）	（5.48）
Dual	0.001	0.002	0.001	0.002	0.004	0.002	0.004
	（0.68）	（0.66）	（0.68）	（0.66）	（0.37）	（1.14）	（1.11）
SOE	−0.004**	−0.008***	−0.004**	−0.008**	0.007	−0.004**	−0.008**
	（−2.53）	（−2.59）	（−2.51）	（−2.56）	（0.72）	（−2.46）	（−2.51）
PerGDP	−0.032***	−0.059***	−0.015	−0.027	0.084	−0.021*	−0.038*
	（−2.74）	（−2.75）	（−1.24）	（−1.24）	（1.21）	（−1.85）	（−1.87）
Mark	−0.006**	−0.010**	−0.006**	−0.010**	0.012	−0.007**	−0.012**
	（−2.04）	（−2.07）	（−2.00）	（−2.03）	（0.83）	（−2.30）	（−2.33）
Finsco	0.072**	0.124**	0.063**	0.107*	0.196	0.062**	0.105*
	（2.38）	（2.29）	（2.01）	（1.92）	（1.25）	（1.99）	（1.90）
行业效应	控制	控制	控制	控制	控制	控制	控制
年度效应	控制	控制	控制	控制	控制	控制	控制
地区效应	控制	控制	控制	控制	控制	控制	控制
截距项	0.618***	1.136***	0.433***	0.801***	−1.333*	0.501***	0.924***
	（4.46）	（4.55）	（3.19）	（3.27）	（−1.73）	（3.88）	（3.97）
N	13 400	13 400	13 400	13 400	10 448	13 400	13 400
调整的 R^2	0.16	0.16	0.16	0.16	0.10	0.16	0.16

***、**、*分别表示显著性水平为 0.01、0.05、0.1

注：括号内为基于稳健标准误修正的 t 值

企业能够通过多元化经营方式转移分散风险，降低企业风险承担水平。因此，借鉴何瑛等（2019）的思路，本文以企业的多元化决策（Div）衡量风险承担水平。多元化决策采用熵测度法，即 $\text{Div}=\sum_{i=1}^{n}P_i\times\ln\left(\frac{1}{P_i}\right)$，其中，$n$为营业收入占主营业务总收入排行前五的行业数；$P_i$为第$i$行业营业收入占总收入的比值；Div越高表明企业多元化程度越高，风险承担水平越低。从表8第（5）列可知，Lottratio在0.1水平上显著为负值，说明地区风险文化降低了企业多元化，提高了企业风险承担水平。

管理学文献表明，CEO是决定企业经营方向的核心人物，CEO个人的风格很大程度地决定了企业整体的风险承担水平（Bernile et al. 2017）。因此，当CEO籍贯与企业所在地相同时，地区风险文化更能影响企业风险承担水平。表8第（6）列、第（7）列以虚拟变量Same来衡量CEO籍贯地与企业注册地是否相同，结果发现，Same×Lottratio都显著为正值，说明风险文化能够显著提高企业风险承担水平。表8稳健性检验结果表明，地区风险文化对企业风险承担的影响仍然显著为正，本文结论稳健、可靠，不会随外部条件的变化而发生根本性改变。实业投资行为也是企业风险承担倾向的表征和体现。

五、拓展性分析

前文已经证实了地区风险文化通过影响宏观（地区正式制度）层面、中观（企业制度）层面和微观（管理者风险偏好）层面对企业风险承担的正向作用。基于此，本部分从宏观到微观三个层面进一步考察地区风险文化与企业风险承担的调节效应。根据现有理论，政策不确定性、企业财务困境和管理层自主权对地区风险文化与企业风险承担的调节效应具有两面性。因而，有必要通过实证进一步回答和验证。同时，地区风险文化体现冒险精神还是投机？本文通过探究地区风险文化如何影响企业资源配置效率来回答这一问题。

（一）基于政策不确定性的拓展分析

企业股东或管理者的风险文化会因经济政策不确定性而发生改变（刘志远等 2017）。经济政策不确定性可能给企业带来损失，但也蕴藏着企业未来发展的机会。企业既可以通过规避经济政策不确定性（即降低企业风险承担水平）减少损失，也可以通过利用经济政策不确定性带来的机遇（即提高企业风险承担水平）发展壮大自己。本文按照经济政策不确定性大小对模型1进行分组，比较在经济政策稳定与否的情况下当地风险文化对企业风险承担影响的差异。当地方官员发生更替和政治权力发生转移时，会传递一种政策制定变化和政策执行延续性及力度变化等风险信号，导致各类政策的不确定性增加（陈德球和陈运森 2018），本文将地区省长或者省委书记的更替作为经济政策不确定性的代理变量①，将样本按该指标分为政策不确定性高和政策不确定性低两组，表9第（1）列、第(2)列报告了当地风险文化对企业风险承担在政策不确定和政策确定情况下的回归结果。Lottratio在第（1）列中的回归系数为0.007，且在0.01的水平上显著，而在第（2）列中的回归系数为0.004，且不显著。结果表明，当地风险文化促进企业风险承担的效应在经济政策不确定性高的企业中更为突出，具有风险文化的高管可能会利用经济政策不确定性带来的机遇（即提高企业风险承担水平）发展壮大自己。

表9 拓展性分析的分组结果

变量	Risktaking1					
	（1） 政策不确定性高	（2） 政策不确定性低	（3） 财务困境	（4） 非财务困境	（5） 管理层自主权大	（6） 管理层自主权小
Lottratio	0.007***	0.004	0.006**	0.003	0.009***	0.001
	（3.11）	（1.52）	（2.70）	（1.43）	（3.36）	（0.27）
Growth	−0.010***	−0.003*	−0.009***	−0.002	−0.008***	−0.003*
	（−4.64）	（−1.85）	（−4.23）	（−0.13）	（−4.12）	（−1.67）
Size	−0.011***	−0.014***	−0.014***	−0.008***	−0.008***	−0.018***
	（−11.59）	（−15.27）	（−14.62）	（−7.77）	（−9.37）	（−17.16）
Lev	0.052***	0.080***	0.080***	0.005	0.049***	0.082***
	（9.56）	（15.61）	（15.63）	（6.78）	（9.61）	（14.74）
Age	0.009***	0.004**	0***	0.012***	0.006***	0.008***
	（5.48）	（2.43）	（0.15）	（8.06）	（4.28）	（3.98）
Dual	−0	0.003	0.005	−0.001	0	0.002
	（−0.19）	（1.10）	（1.52）	（−0.54）	（0.05）	（0.73）
SOE	−0.006**	−0.004	−0.005*	−0.003	−0.005**	−0.006**
	（−2.41）	（−1.59）	（−1.94）	（−1.28）	（−1.97）	（−2.36）
PerGDP	0.006	−0.013	−0.031**	−0.016	−0.014	−0.027
	（0.13）	（−0.82）	（−1.69）	（−1.04）	（−0.70）	（−0.99）
Mark	−0.005	−0.010***	−0.010**	−0.003	−0.012***	−0.006*
	（−1.29）	（−2.61）	（−2.71）	（−0.78）	（−2.80）	（−1.73）
Finsco	0.029	0.089**	0.043	0.095***	0.021	0.056
	（0.58）	（2.36）	（1.07）	（2.69）	（0.51）	（1.15）
行业效应	控制	控制	控制	控制	控制	控制
年度效应	控制	控制	控制	控制	控制	控制
地区效应	控制	控制	控制	控制	控制	控制
截距项	0.197	0.439**	0.663***	0.304*	0.411*	0.686**
	（0.43）	（2.47）	（3.27）	（1.77）	（1.86）	（2.31）
N	6 275	7 125	6 662	10 496	7 796	5 604
调整的 R^2	0.18	0.16	0.20	0.18	0.17	0.17
Chi2（1）	0.64		2.81		6.64	
Prob>Chi2	0.423		0.074		0.01	

***、**、*分别表示显著性水平为0.01、0.05、0.1

注：括号内为基于稳健标准误修正的 t 值

① 本文使用的省长或省委书记更替的信息通过手工搜集完成，数据主要来源于人民网、新华网公布的干部简历。

（二）基于企业财务困境的拓展分析

前景理论认为损失状态易导致风险文化行为，而高于参考点的状态易产生规避风险行为，因此，面对企业的财务困境，管理者更有可能采取冒险行为，期望扭转企业的亏损状态（Kahneman and Tversky 1979）。然而，“威胁—刚性”理论认为企业的冒险行为可能会加重财务困境，因此，处于财务困境中的企业倾向于采取保守和谨慎的策略以规避额外的风险（朱丽娜等 2017）。那么，企业处于财务困境如何影响地区风险文化与企业风险承担的关系？参照姜付秀等（2009），对于企业财务困境变量，本文用Z指数①加以衡量，将样本按该指标行业年度中位数分为财务困境和非财务困境两组。Z指数越大，表示企业财务状况越好；反之，表示企业财务状况越差。表9第（3）列、第（4）列报告了地区风险文化对企业风险承担在企业处于财务困境和非财务困境的回归结果。Lottratio在第（3）列中的回归系数为0.006，且在0.05的水平上显著，而在第（4）列中的回归系数为0.003，且不显著，并且估计系数具有显著差异性，表明当企业陷入财务困境时，地区风险文化对企业风险承担的正向作用越显著。本文结论支持了前景理论。

（三）基于管理层自主权的拓展分析

高阶梯队理论认为，高管基于自身经历、信念和价值观形成的认知采取行动，进而影响企业层次的战略与绩效，因而管理层自主权的最重要特征就是作为调节变量（Hambrick and Mason 1984）。代理人风险规避假说认为，随着管理层自主权的增大，管理者为了追求私利会选择保守的投资策略（Mishra 2011）。而战略选择理论认为管理层自主权使管理者会在组织中实施有意义的变革，提高风险承担水平（李海霞 2017）。本文按照管理层自主权大小对模型1进行分组，比较在不同程度的管理层自主权情况下地区风险文化对企业风险承担影响的差异。

本文使用张三保和张志学（2012）的地区管理层自主权的总体均值作为管理层自主权的衡量指标，将样本按该指标平均数分为管理层自主权大和管理层自主权小两组，表9第（5）列、第（6）列报告了地区风险文化对企业风险承担在管理层自主权大和管理层自主权小的回归结果。Lottratio在第（5）列中的回归系数为0.009，且在0.01的水平上显著，而在第（6）列中的回归系数为0.001，且不显著，并且估计系数具有显著差异性，表明地区风险文化促进企业风险承担的效应在管理层自主权大的企业中更为突出，如果管理者具有较大的自主权，受到的制衡力量就越小，会在组织中实施有意义的变革，企业决策将更多地反映管理者的偏好。本文结论支持了战略选择理论。

（四）地区风险文化与资源配置效率的拓展分析

本文的分析表明，地区风险文化能促进企业风险承担。风险文化既可能反映一个地区的冒险精神，也可能反映投机倾向。同时，企业风险承担是一把双刃剑。企业适度的

---

① Z指数=0.012×营运资金/总资产+0.014×留存收益/总资产+0.033×息税前利润/总资产+0.006×股票总市值/负债账面价值+0.999×销售收入/总资产。该指数越大，表示企业财务状况越好。

风险承担可以提升企业价值，过度的风险承担则会影响企业的资本配置效率。因此，冒险精神会优化企业的资本配置效率，而投机倾向则可能会降低资本配置效率。为了探究上述问题，本文参考潘红波等（2013）的思路，以企业投资对边际Q的敏感性来衡量资本配置效率，将模型（3）设定如下。

$$\text{Invest}_{i,t}=\alpha+\beta_1\text{Lottratio}_{i,t}+\beta_2 Q_{i,t-1}+\beta_3\text{CFO}_{i,t-1}+\beta_4 Q_{i,t-1}\times\text{Lottratio}_{i,t}+\sum\text{Controls}_{i,t}+\sum\text{IndD}+\sum\text{YearD}+\sum\text{AreaD}+\varepsilon \quad (3)$$

其中，Invest为新增投资，Invest =（资本支出+并购支出−出售长期资产收入−折旧）/总资产；Q为企业滞后一年的托宾Q值的自然对数；CFO为企业滞后一年的经营活动现金流除以期初总资产。控制变量中，ROA为企业资产收益率，Ret为股票年收益率，其余变量定义与模型（1）相一致。表10的结果显示，Q×Lottratio的系数为正值，且在0.05水平上显著，说明地区风险文化主要体现冒险精神，通过提高企业风险承担，进而优化企业的资源配置效率。

表10 地区风险文化与资源配置效率的拓展分析

变量	Invest
CFO	0.082***
	(13.20)
Q	0.002
	(0.67)
Lottratio	0.001
	(1.22)
Q×Lottratio	0.001**
	(2.12)
Dirnum	0.001***
	(3.64)
Outdir	0.006**
	(2.30)
ROA	0.004***
	(3.82)
SOE	−0.011***
	(−9.49)
Ret	0.001
	(0.59)
Mark	−0.001
	(−0.67)
Finsco	−0.060***
	(−3.06)
PerGDP	−0.003
	(−0.36)

续表

变量	Invest
行业效应	控制
年度效应	控制
地区效应	控制
截距项	0.095
	(1.06)
N	11 932
调整的 R^2	0.07

***、**分别表示显著性水平为 0.01、0.05

注：括号内为基于稳健标准误修正的 t 值

六、结论与研究展望

本文以2008~2014年沪深A股非金融上市公司为研究对象，从地区正式制度、企业制度和管理者风险偏好的角度，考察地区风险文化对企业风险承担的影响。结果发现：在其他条件相同时，地区风险文化通过优化地区金融生态、推进对管理层采用股权激励薪酬制度及提高管理层的风险容忍度，促进企业风险承担。进一步研究发现，当企业外部经济政策不确定性较高、陷入财务困境及管理层自主权较大时，地区风险文化促进企业风险承担的效应较显著。通过工具变量法和倾向得分匹配法等一系列稳健性测试后，本文结论依然成立。本文丰富了文化与金融理论的文献，拓展了风险承担影响因素的相关研究，有利于深化对正式制度与非正式制度相互作用的理解。

本文研究的不足之处和未来方向主要体现在以下方面：①对企业风险承担的衡量采用一段时期内企业盈余的波动，这一指标容易受到管理层操控报表和中国资本市场投机行为的影响。因而，融入中国特殊元素测度企业风险承担是未来突破的研究方向之一。②在对地区风险文化影响企业风险承担机制研究上，本文仅仅沿着地区金融生态环境、股权激励及高管风险偏好三条路径展开，但现实中也有可能存在其他路径。③Kumar等（2011）认为资本市场具有赌博环境，因而未来可以研究风险文化对资本市场的影响。

参 考 文 献

陈德球，陈运森. 2018. 政策不确定性与上市公司盈余管理. 经济研究，（6）：97-111.

陈冬华，胡晓莉，梁上坤，等. 2013. 宗教传统与公司治理. 经济研究，（9）：71-84.

何瑛，于文蕾，杨棉之. 2019. CEO 复合型职业经历、企业风险承担与企业价值. 中国工业经济，（9）：155-173.

姜付秀，张敏，陆正飞，等. 2009. 管理者过度自信、企业扩张与财务困境. 经济研究，（1）：131-143.
金智，徐慧，马永强. 2017. 儒家文化与公司风险承担. 世界经济，（11）：170-192.
李海霞. 2017. CEO权力、风险承担与公司成长性——基于我国上市公司的实证研究. 管理评论，（10）：198-210.
李小荣，张瑞君. 2014. 股权激励影响风险承担：代理成本还是风险规避？会计研究，（1）：57-63.
李扬，张涛. 2009. 中国地区金融生态环境评价（2008—2009）. 北京：中国金融出版社.
刘煜辉，陈晓升. 2011. 中国地区金融生态环境评价（2009—2010）. 北京：社会科学文献出版社.
刘志远，王存峰，彭涛，等. 2017. 政策不确定性与企业风险承担：机遇预期效应还是损失规避效应. 南开管理评论，20（6）：15-27.
潘红波，余明桂，李文贵. 2013. 管理者过度自信与企业风险承担. 金融研究，（1）：149-163.
邱强，卜华，陈健. 2018. 管理层股权激励方式选择与风险承担——基于内生性视角的研究. 当代财经，（1）：122-132.
王国刚，冯光华，刘煜辉，等. 2015. 中国地区金融生态环境评价（2013—2014）. 北京：社会科学文献出版社.
韦森. 2015. 经济学与伦理学：探寻市场经济的伦理维度与道德基础. 北京：商务印书馆.
余明桂，石沛宁，钟慧洁. 2019. 高管个人事项申报、政治风险与国有企业创新投资. 珞珈管理评论，30（3）：71-101.
余明桂，夏新平，邹振松. 2006. 管理者过度自信与企业激进负债行为. 管理世界，（8）：104-112.
张三保，张志学. 2012. 区域制度差异，CEO管理自主权与企业风险承担——中国30省高技术产业的证据. 管理世界，（4）：101-114.
张维迎，邓峰. 2003. 信息、激励与连带责任——对中国古代连坐、保甲制度的法和经济学解释. 中国社会科学，（3）：99-112.
赵奇锋，赵文哲，卢荻，等. 2018. 博彩与企业创新：基于文化视角的研究. 财贸经济，（9）：122-140.
朱丽娜，贺小刚，贾植涵. 2017. “穷困”促进了企业的研发投入?——环境不确定性与产权保护力度的调节效应. 经济管理，（11）：67-84.
Acharya V V，Amihud Y，Litov L P. 2009. Creditor rights and corporate risk-taking. Journal of Financial Economics，102（1）：150-166.
Adhikari B K，Agrawal A. 2016. Does local religiosity matter for bank risk-taking? Journal of Corporate Finance，38：272-293.
Aggarwal R，Faccio M，Guedhami O，et al. 2016. Culture and finance：an introduction. Journal of Corporate Finance，41（12）：466-474.
Ahern K R，Daminelli D，Fracassi C. 2015. Lost in translation? The effect of cultural values on mergers around the world. Journal of Financial Economics，117（1）：165-189.
Allen F，Qian J，Qian M. 2005. Law，finance，and economic growth in China. Journal of Financial Economics，77（1）：57-116.
Bae S C，Chang K，Kang E. 2012. Culiture，coporate governance，and dividend policy：international evidence. The Journal of Financial Research，35（2）：289-316.
Berger P L，Luckmann T. 1976. The Social Construction of Reality. New York：Doubleday.
Bernile G，Bhagwat V，Rau P R. 2017. What doesn't kill you will only make you more risk-loving：early-life disasters and CEO behavior. Journal of Finance，72（1）：167-206.
Bryan S H，Nash R C，Patel A. 2012. Culture and CEO compensation. Organization Science，15（6）：657-670.
Cain M D，McKeon S B. 2016. CEO personal risk-taking and corporate policies. Journal of Financial and Quantitative Analysis，51（1）：139-164.
Chen Y，Podolski E J，Rhee S G，et al. 2014. Local gambling preferences and corporate innovative success. Journal of Financial and Quantitative Analysis，49（1）：77-106.

De L J B, Summers L H. 1991. Equipment investment and economic growth. The Quarterly Journal of Economics, 106（2）: 445-502.

Diaz J D. 2000. Religion and gambling in sin-city: a statistical analysis of the relationship between religion and gambling patterns in Las Vegas residents. Social Science Journal, 37（3）: 453-458.

Douglas M. 1986. Risk acceptability according to the social sciences. Foreign Affairs, 28（5）: 312.

Eun C S, Wang L, Xiao S C. 2015. Culture and R2. Journal of Financial Economics, 115（2）: 283-303.

Faccio M, Marchica M T, Mura R. 2011. Large shareholder diversification and corporate risk-taking. Review of Financial Studies, 24（11）: 3601-3641.

Giannetti M, Yafeh Y. 2012. Do cultural differences between contracting parties matter? Evidence from syndicated bank loans. Management Science, 58（2）: 365-383.

Gorodnichenko Y, Roland G. 2011.Which dimensions of culture matter for long-run growth? American Economic Review, 101（3）: 492-498.

Graham J R, Harvey C R, Puri M. 2013. Managerial attitudes and corporate actions. Journal of Financial Economics, 109（1）: 103-121.

Greif A.1994. Cultural beliefs and the organization of society: a historical and theoretical reflection on collectivist and individualist societies. Journal of Political Economy, 102（5）: 912-950.

Guiso L, Sapienza P, Zingales L. 2008. Trusting the stock market. Journal of Finance, 63（6）: 2557-2600.

Guiso L, Sapienza P, Zingales L. 2015. The value of corporate culture. Journal of Financial Economics, 117（1）: 60-76.

Haisley E, Mostafa R, Loewenstein G. 2008. Subjective relative income and lottery ticket purchases. Journal of Behavioral Decision Making, 21（3）: 283-295.

Hambrick D C, Mason P A. 1984. Upper echelons: the organization as a reflection of its top managers. The Academy of Management Review, 9（2）: 193-206.

Hilary G, Hui K W. 2009. Does religion matter in corporate decision making in America? Journal of Financial Economics, 93（3）: 455-473.

Hofstede G. 1980. Culture and organizations. International Studies of Management & Organization, 10（4）: 15-41.

Jensen M C, Meckling W H. 1976. Theory of the firm: managerial behavior, agency costs and ownership structure. Journal of Finance and Economics, 3（4）: 305-360.

Ji L J, Nisbett R E, Su Y. 2010. Culture, change, and prediction. Psychological Science, 12（6）: 450-456.

John K, Litov L, Yeung B. 2008. Corporate governance and risk-taking. The Journal of Finance, 63（4）: 1679-1728.

Kahneman D, Tversky A. 1979. Prospect theory: an analysis of decision under risk. Econometrica, 47（2）: 263-291.

King T H D, Wen M M. 2011. Shareholder governance, bondholder governance, and managerial risk-taking. Journal of Banking & Finance, 35（3）: 512-531.

Kumar A. 2009. Who gambles in the stock market. The Journal of Finance, 64（4）: 1889-1933.

Kumar A, Page J K, Spalt O G. 2011. Religious beliefs, gambling attitudes, and financial market outcomes. Journal of Financial Economics, 102（3）: 671-708.

Kwok C C Y, Tadesse S. 2006. National culture and financial systems. Journal of International Business Studies, 37（2）: 227-247.

Li K, Griffin D, Yue H, Zhao L. 2013. How does culture influence corporate risk-taking? Journal of Corporate Finance, 23（4）: 1-22.

Low A. 2009. Managerial risk-taking behavior and equity-based compensation. Journal of Financial Economics, 92（3）: 470-490.

Mishra D R. 2011. Multiple large shareholders and corporate risk taking: evidence from East Asia. Corporate Governance An International Review, 19（6）: 507-528.

Palmer T B, Wiseman R M. 1999. Decoupling risk taking from income stream uncertainty: a holistic model of risk. Strategic Management Journal, 20（11）: 1037-1062.

Polavieja J G. 2015. Capturing culture: a new method to estimate exogenous cultural effects using migrant populations. American Sociological Review, 80（1）: 166-191.

Schneider C, Spalt O. 2017. Acquisitions as lotteries? The selection of target-firm risk and its impact on merger outcomes. Critical Finance Review, 6（1）: 77-132.

Shu T, Sulaeman J, Yeung P E. 2012. Local religious beliefs and mutual fund risk-taking behaviors. Management Science, 58（10）: 1779-1796.

Siegel J I, Licht A N, Schwartz S H. 2011. Egalitarianism and international investment. Journal of Financial Economics, 102（3）: 621-642.

Spalt O G. 2013. Probability weighting and employee stock options. Journal of Financial and Quantitative Analysis, 48（4）: 1085-1118.

Spurrier M, Blaszczynski A, Rhodes P. 2015. Gambler risk perception: a mental model and grounded theory analysis. Journal of Gambling Studies, 31（3）: 887-906.

Stulz R M, Williamson R. 2003. Culture, opennes, and finance. Journal of Financial Economics, 70（3）: 313-349.

Williamson O E. 2000. The new institutional economics: taking stock, looking ahead. Journal of Economic Literature, 38（3）: 595-613.

Wright P, Ferris S P, Sarin A, et al. 1996. Impact of corporate insider, blockholder, and institutional equity ownership on firm risk taking. Academy of Management Journal, 39（2）: 441-463.

Risk Attitude in Local Culture and Corporate Risk-Taking

Longfei Ding, Huobao Xie and Ke Liao

Economics and Management School of Wuhan University, Wuhan, Hubei, China 430073

Abstract: As an important cultural dimension, risk attitude in local culture has a profound impact on how managers manage their businesses. In this paper, we use a sample of all A-share listed companies from 2008 to 2014 to study the influence of risk attitude in local culture on corporate risk-taking by combining local formal institution, enterprise chapters, and managerial risk attitude. Our results show that risk attitude in local culture promotes corporate risk-taking through optimization of local financial ecology, adoption of equity-based incentives and promotion of managerial risk tolerance. Further analysis shows that risk attitude in local culture has a larger effect on corporate risk-taking when the size of the company is small, when management has greater autonomy, when the uncertainty of external environment is high, or when the company is in financial difficulties. Lastly, we find that risk attitude in local culture helps to allocate resources more efficiently through promoting corporate risk-taking. This paper enriches the literature on the relation between culture and finance, extends the influencing factors of risk-taking, and deepens understanding of the interaction between formal and informal institutions.

Keywords: risk attitude in local culture; risk preference; risk-taking; informal institution.

当代会计评论 Contemporary Accounting Review
第12卷第4辑 Vol.12 No.4
2019年 2019

《当代会计评论》体例格式要求

1. 稿件的首页应该提供以下信息

（1）文章标题；

（2）作者个人信息，包括作者姓名、单位、职称、职务、学位、通信地址、邮政编码、联系电话、传真、E-mail等；

（3）致谢及获得资助申明，置于首页的脚注中。

2. 稿件第2页包含以下信息

（1）文章标题；

（2）不超过200字的摘要；

（3）3~5个关键词。

3. 正文

第一级标题居中，用一、二、三等编号；第二级标题左空两格，用（一）、（二）、（三）等编号；第三级标题左空两格，用1. 、2. 、3. 等编号；其余均以连续数字（1）、（2）、（3）等标注；同一段内连续编号用①、②、③等标注。

示例：

二、基于我国资本市场的欧拉方程检验

……

（三）实证结果及分析

……

3. 稳健性检验

为了进一步检验上述模型在解释……，本文对其做以下稳健性检验。

改变被解释变量的取值。已经过……

改变样本期。

改变……

4. 图和表

分别连续编号，并安插在正文中的相应位置。正文中须与之呼应，如“如表2所示”“如图3所示”等，指示须清楚明白，避免出现“如下表所示”“如下图所示”等语句。

图的序号和标题之间不加标点，只空一格，并置于图下方正中的位置。图例和图的注释置于图形底部。表的序号和标题之间不加标点，只空一格，并置于表格上方正中的位置。表的注释（或说明文字）和资料来源置于表格下方。

5. 公式应以（1）、（2）、（3）等连续编号，编号放置在公式所在行的最右侧。

6. 在正文中参考文献采用“著者+年份”制，即在被引用的著者姓名之后用圆括号标注参考文献的出版年代。如著者姓名和年代在同一个括号内，姓名和年代之间不加标点，空一格。

示例：

徐道一（1983）认为，生物变革时期与太阳系在银河系的运行轨迹可能有一定联系。现代生态学研究的中心是生态系统的结构与功能以及人与生物之间相互作用的关系（马世骏等 1990）。生态学的现代品格是把一个意外的结果变成一个意料中的结果，把一个偶然的事件变成一个当然的事件（Harvey 1969）。

7. 所有参考文献应放置在文章末尾，简要说明如下：

（1）中文部分参考文献在前，英文部分在后，按作者姓名的汉语拼音或英文姓名字母顺序排列。

（2）英文人名一律“姓”全拼在前，“名”缩写在后，名缩写不加缩写点，姓、名中间加空。“姓”首字母大写，其余小写；“名”只写首字母，大写，两缩写名间加空。

示例：

Francis J，Schipper K，Vincent L. 2002. Expanded disclosures and the increased usefulness of earnings announcements. The Accounting Review，77：515-546.

（3）引用多位作者合著的文章时，列前3位作者，加“等（et al.）”。

（4）英文文章题目中，首词和专有名词的首字母大写，其余一律小写。

（5）英文书名和论文集名中实词首字母一律大写，介词和连词为小写，但首词和四个字母以上的介词首字母应大写。

（6）每条文献中各项必须齐全，并要特别注意以下容易忽略的项目：论文集编者姓名、论文集书名、专著和论文集的出版城市及出版社、起止页码等。

格式示例：

专著

作者. 出版年. 书名（包括副书名）. 版本（第一版应略去）.出版地：出版者：页码.

作者. 出版年. 文章名. 见：原出版物责任者. 原出版物名. 版本（第一版应略去）. 出版地：出版者：页码.

如果是译文，则应在文献名后加上译者姓名。如：

黑姆斯等. 2000. 生物化学. 王镜岩等译. 北京：科学出版社：365.

论文集

作者. 出版年. 文章名. 论文集编者（其前加“//”）. 论文集名. 出版地：出版者：文章的起讫页码.

刊物

作者. 出版年. 文章名. 刊物名称，卷（期，部分）：文章的起讫页码.

报纸

作者. 年　月　日. 文章名. 报纸名称，（版面第次）.

具体示例：

葛家澍. 2007. 关于在财务会计中采用公允价值的探讨. 会计研究，（3）：3-8.

李志文，姚正春，朴军. 2007. 中国股市的ROE代表什么？中国会计评论，5（3）：305-314.

张国清，赵景文. 2008. 资产负债项目可靠性、盈余持续性及其市场反应. 会计研究，（3）：

51-57.
Francis J, Schipper K, Vincent L. 2002. Expanded disclosures and the increased usefulness of earnings announcements. The Accounting Review, 77: 515-546.
Street D L, Gray S J, Bryant S M. 1999. Acceptance and observance of International Accounting Standards. The International Journal of Accounting, 34（1）: 11-48.